儒家與韋伯的
五個對話

葉仁昌◎著

序言

　　自從研究生的時代以來，就被韋伯（Max Weber）所深深吸引。而在漫長的學術生涯中，好幾次驚覺自己的思索竟跳不出他的脈絡和手掌心。從來沒有一個學者這樣緊扣住我，又對我影響如此之深。

　　至於儒家，我在欣賞西方思想之餘，向來對它不屑一顧。只是基於教學和升等的需要才去探其究竟。初衷原本旨在批評，論證的結果卻出乎意料地，屢屢發展出對它的許多肯定。

　　二、三十年來，我就一直在儒家和韋伯的世界裡，深呼吸、困惑、驚訝和嘆息，這裡碰撞突破一下，那裡又摸摸鼻子回頭。這一本書《儒家與韋伯的五個對話》代表了一個探索的總結，也應該是我個人學術生涯的某個高峰。我自信對韋伯有一定程度的理解，以及別出心裁的應用；而我對儒家的詮釋也不拘泥於古意和標準答案。我期待能扮演一座橋梁，連接儒家和韋伯，並因此展現出各自不同的面貌和新意義。

　　用心的讀者不難發現，在儒家與韋伯的對話交錯中，我這本書的一個特點就是很「大膽」。韋伯是如此經典的大師，而我卻不只具體指出他對儒家的理解盲點，還應用他的方法學來新論儒家，更試圖補足他對儒家在研究上的遺漏，完成他未竟的探索，甚至重構韋伯有關支配類型的框架。當然，在這樣的過程中，儒

家也因為新的視角而得到了不同詮釋。

這些「大膽」應該算是一種新創和突破吧！當然，批評和爭議也必然是難免的。但是否成功、又有多少貢獻呢？就交給讀者自己評估了。不過我深知，有某些社會學者自認為韋伯是他們家的專長、甚至是勢力範圍，以至於光是看到這本書的標題，恐怕就讓他們反感和不爽了。對於這種目光如豆又自以為是的學術生態，我已習以為常，半吊子的韋伯「專家」太多了。我唯一想提醒的是，韋伯不僅是社會學家，同時也是精湛細膩的歷史學家，以及經典級的思想家。而我將儒家與韋伯相提並論，也不是我的硬拉亂扯，而是韋伯自己深感興趣、多次提及，又引致爭議或語焉不詳的重大課題。

在本書討論的五個對話裡，其中有三章的基本骨幹曾經發表在中央研究院的《人文與社會集刊》、台北大學的《行政與政策學報》，以及臺灣大學的《政治科學論叢》，它們是三篇 TSCCI 等級的論文。這當然已經是一種肯定了。但我更期待的是，將它們整合在本書的一個新架構裡時，讀者能從中看到一個更廣闊、更有意義的視野與突破。迄今，在中文的出版品裡，我還沒有看過其他學者做過類似的事情，或有任何一本對儒家與韋伯進行比較系統性對話的著作。希望讀者能在閱畢本書之後，體會這是值得進一步開發的課題。

不過要向讀者抱歉的是，由於筆者對德文外行，無法採用韋伯的德文原典。但所幸的是，已有若干中英文譯本在學術圈中有相當評價、嚴謹，並一再審訂。雖然從德文專業來看，這些中英文譯本仍有一些爭議，但就筆者所引用的部分而言，其正確性應該大致是可以接受的。

　　這本書能完成、歷經漫長而嚴格的審查並由聯經出版公司出版，我要感謝的人太多了。不過，寫漏了，有歉疚；寫多了，是累贅，就都略過吧！幾十年來，我一直是獨行俠的特質，從不呼朋引伴，也沒有多少黨友；我唯一有的就是自得其樂。2013年初，我從台北大學公共行政暨政策系退休了，但還兼任「中國政治思想史」的課程。很多人以為該享清福了，但對我而言，退休只是為了擺脫評鑑下「學術自我」的疏離，是為了重拾知識分子的尊嚴與使命。不退休，人生恐怕只剩下評鑑；退休了，寫作的人生才真正啟動。

　　這本書的完成和出版，就我個人來說，正代表了這樣一個里程碑。它既是我過去漫長學術生涯的一個探索總結，同時也標示著我的一個使命新階段的起點。上路吧！

葉仁昌，木柵自宅

2015 年 4 月

目次

第一章

經濟倫理的對話：
入世抑或現世？

楔子

　　韋伯曾經提出一個巨大、精采卻充滿爭議性的問題,即在漫長的傳統中國歷史裡,為什麼沒有發展出「近代資本主義」(modern capitalism)來?他更進一步斷言,除若干結構與物質的因素外,重大原因之一是儒家倫理侵蝕吞噬了其萌芽與發展的可能性。當然,韋伯並未認為儒家是阻礙近代資本主義在中國發展的唯一因素,甚至也沒有說它是最關鍵的因素。但無論如何,韋伯這樣的斷言正確嗎?

　　學界提出來的一種主要質疑,是從理論與思辨層次上著手的,聲稱韋伯錯誤地認定儒家在個人與世界之間缺乏緊張性,因而低估了其自傳統與因襲中解放、並發展出經濟理性主義的力量。余英時是此一質疑最有代表性的學者。他甚至說,韋伯所犯的是有關全面判斷的基本錯誤;儒家對於「此世」絕非僅有適應,更是積極的改造態度。試問,余英時這樣的質疑成立嗎?又能否真正駁倒韋伯的斷言呢?

　　另一種對韋伯的主要質疑,則是從經驗與實踐層次上著手的,聲稱東亞的經濟成就正奠基於一種與韋伯所批評者不同、可以稱為通俗儒家、民間或社會性儒家的思想和工作倫理。這是一種企圖證明儒家在現代不死的論說,試問,它已經使韋伯的斷言受到了嚴厲考驗嗎?而在中華帝國崩潰後的現代新境中,是否確實存在著這樣一種儒家?又是否可以作為解釋東亞經濟成就的文化因素呢?

　　這就是接下來要探討的「儒家與韋伯」的第一個對話:經濟倫理的對話。

前言：儒家不利於近代資本主義？

韋伯的力作《新教倫理與資本主義的精神》代表了一個重要意涵，即將馬克思（K. Marx）的唯物史觀徹底倒轉，改從精神層次的思想信念入手。韋伯一方面希望人們「理解觀念是如何成為歷史上的有效力量」（Weber著，1991：68），但同時卻拒絕成為一個文化決定論者（1991：146）。長久以來，韋伯對於思想背後的歷史發展和社會基礎，始終予以高度重視並大量論述，稱之為文化決定論或唯心論者，實為最嚴重的扭曲。舉凡貨幣、城市、行會、科層組織、親屬結構和法律，都經常密集地出現在韋伯的討論中。但無論如何，韋伯至少高張了經濟發展背後的文化因素。

然而，當場景移到了深受儒家文明所影響的東亞，為何東亞會在現代化中歷經了讓全球稱羨的經濟奇蹟？當然，若干國家政策、經濟要素與國際條件都是關鍵，但其中沒有文化因素嗎？若是有，是否即為儒家倫理？遺憾的是，早已在20世紀初，韋伯就斷言了作為文化因素的儒家對近代資本主義發展的不利。雖然韋伯並未認為儒家是阻礙近代資本主義在中國發展的唯一因素，甚至也沒有說它是最重要的關鍵因素[1]。但韋伯是怎樣論證的呢？而他的此一斷言是否正確呢[2]？

---

1 根據孫中興的歸納，在《儒教與道教》一書中，前後明白提到不利的因素至少就高達十八種（孫中興，1987：212-213）。

2 可以附帶一提的是，有一些學者聲稱，韋伯是負面式的提問（negative question），並也因而造成了某種誤導。因為，他是從西方的歷史經驗來提問——為什麼中國沒有類似西方那樣的發展？而既然問題是從負面來看的，於是在面對繁複而紛雜的歷史現象時，便會傾向於找尋「負面的」、「不利的」

以韋伯的學術分量，此一斷言當然激起熱烈的討論和質疑。它可以是本書展開儒家與韋伯對話的最重要切入點。在以下的篇幅中，筆者將逐一析論兩種不同的主要質疑。其一是從理論與思辨層次來駁斥的，它訴諸儒家的內在超越性；其二則是從經驗與實踐層次來挑戰的，主張一種所謂「通俗的儒家」（Vulgar Confucianism）。

壹、理論與思辨層次的質疑：內在超越說

先來說第一種質疑，它認為韋伯錯誤地看待儒家在個人與世界之間缺乏緊張性，因而低估了其自傳統與因襲中解放、並發展出經濟理性主義的力量。

一、觀點與論證的鋪陳，韋伯說了什麼？

原本，韋伯的相關論證是從對比西方中世紀的修道主義以及「出世」精神開始的。他指出，諸如喀爾文主義（Calvinism）的基督新教，在信仰態度上呈現了一種獨特精神，即所謂的「入世

條件；「相對地忽略了一些同時存在於儒家思想中可能有利於經濟發展的價值或因素」（高承恕，1988：213-214）。此一批評其實似是而非。因為，提問的形式邏輯未必就是提問者的思維邏輯。儘管從形式上來看是單向、褊狹，甚或帶有陷阱的，但對於一個成熟練達、學養豐富的提問者，其在回答時的思維邏輯，卻可以是多面向而豐富的，並超越了其中的陷阱。同樣地，吾人不應該認為韋伯已經僵硬地被自己的負面式提問所局限甚或決定了。更重要地，如果吾人詳細閱讀韋伯，會發現他並不是只專注於挑出儒家對經濟發展的負面因素。他其實更企圖就傳統中國與近代資本主義的關係作出全面性的考察。提問只是邁向解答的一個工具或手段。提問的方式並不能就決定了解答的內容。

制慾」（inner-worldly asceticism）。簡單地說，就是將信仰中的敬虔落實在日常生活的具體行為中，而不是在修道院裡冥思祈禱。韋伯很傳神地描繪道：

> 最初逃避塵世，與世隔絕的基督教禁慾主義已經統治了這個它在修道院裡通過教會早已宣布棄絕了的世界……現在，它走出修道院，將修道院的大門「呼」地關上，大步跨入生活的集市，開始把自己的規矩條理滲透到生活的常規之中，把它造成一種塵世中的生活，但這種生活既不是屬於塵世的，也不是為塵世的（1991：122）。

許多人以為，伴隨著宗教改革的解放，僧侶在地位和生活方式上已經被消滅，而信仰也從規條戒律中掙扎而出了。但事實上，宗教改革的真義，至少就清教徒而言，是現在每一個信仰者都必須終生成為僧侶了（1991：95）。人必須理性地摧毀衝動性享樂，並有條不紊地控制日常生活事務，完全為「榮耀神」這個目的所支配（1991：92-93）。

這其中所蘊含的，是一種反對「出世」卻又不「屬世」（of the world）的「入世」（in the world）精神。他們積極地肯定今生此世，拒絕將自己龜縮封閉在教會、修道院或沙漠曠野之類的宗教溫床裡。即便今生此世充滿了墮落的誘惑，都當堅定地面對而後去改造它，將原本淪為罪惡奴僕的世界轉化為對上帝的榮耀。拒斥逃遁固然可以一時成就信徒個人的聖潔，但它卻容讓污穢與罪惡在他人和世界中繼續存在。這毋寧是一種獨善其身的自私。真正的途徑應該是「擄掠仇敵」；它不僅在消極上不容許今生此

世再作「罪的奴僕」，更積極地予以轉化，成為「義的奴僕」。這就是征服與改造的精義。韋伯精采地考察到了這一點，他說：

> 不管這個「現世」在宗教價值上被貶得有多低，也不管因其為被造物界及罪惡的淵藪而遭到唾棄，在心理上，現世毋寧更因此而被肯定為神所欲之行為的──個人現世的「召喚」（Calling, Beruf，經常被譯為天職）──舞台（Weber 著，1989b：85）。

> 上帝是「為了祂的榮耀」而創造世界。因此，無論人生來有多麼惡劣，祂都希望看到祂的榮耀藉著罪惡（可能也包括痛苦）的克服而得實現（1989a：307）。

清教徒因而走入了一條險路，就是讓自己存活在積極面對今生此世之誘惑所帶來的緊張性中。雖然一不小心就可能墮落，但信仰的使命卻是在這墮落的誘惑中向魔鬼誇勝。這有如走在一邊是上帝而另一邊是魔鬼的生命鋼索上，它既是上帝與魔鬼之間的角力，也是個人生命中無時無刻的爭戰。

從出世與修道主義或冥思的神祕派來看，自始就必須拒絕選擇這樣的危險鋼索。他們相信，若是要在今生此世的誘惑中完全拒絕墮落，當然得選擇將污穢隔離，讓自己活在一個無菌的神聖世界。但在清教徒看來，這樣一個出世的無菌世界，毋寧宣告了對今生此世的退卻畏縮和失敗主義。他們要求的乃是韋伯所形容的「聖化」（Heiligung）（1989a：307），即讓整個世界和其上的一切都榮耀上帝（all for the glory of God）。為此，他們寧可選擇在

聖潔與罪惡的矛盾緊張中來從事對今生此世的改造與轉化；而不是選擇以逃遁或疏離來消解掉矛盾緊張。

當將這樣的神學義理應用到財富和經濟，對清教徒來說，同樣地，它們並非在本質上邪惡，乃是誘惑。而作為一種誘惑，真正的意涵是考驗——考驗人能不能在擁有財富和事業的同時不改心中對上帝唯一的信靠和順服；考驗人能不能在動機、管理與使用上，將財富與事業轉化，指向上帝的榮耀。雖然商品經濟、功利交易和利潤心經常沉淪為「罪的奴僕」，但信仰卻給了人一項帶著墮落誘惑的考驗，就是要勝過它們，讓財富和經濟從一種對美德與靈性的障礙，轉變成為上帝的獎賞和祝福。在財富和經濟的領域，清教徒同樣展現了全面征服誘惑的屬靈雄心，無論在「義」與「罪」的矛盾緊張中會多麼地煎熬和危險，他們都堅拒一種退卻畏縮和失敗主義，並且篤定相信屬於上帝子民最後的必然勝利。明顯地，在這樣的體認下，謀求財富與經濟上的成功，已經成為清教徒在信仰倫理上的一項召喚與責任了，為了是榮耀神。

韋伯在上述的理解下將討論發展到了傳統中國。他說儒家並沒有另一個形上世界，故無從發生一種由「彼岸」入世的過程。事實上，儒家一直在「此世」（this worldly）。而既然沒有入世的過程，儒家因此是一種「對世界採取無條件肯定與適應的倫理」（1989a：296）。這絕非指儒家對現世毫無原則與理想地投降，而是說儒家的倫理是肯定現世、也停留在現世的。它並不採取超俗世的價值來進行對比式的「改造」，它只是在現世既存的結構、道德與價值體系中對偏差作出「調適」而已！韋伯形容儒家「是個理性的倫理，它將與此一世界的緊張性降至絕對的最低點」；「儒

教徒單單渴望一種從野蠻的無教養狀態下超脫出來的『救贖』。他期望著此世的福、祿、壽與死後的聲名不朽，來作為美德的報償」。

> 他們沒有超越塵世寄託的倫理，沒有介於超俗世上帝所託使命與塵世肉體間的緊張性，沒有追求死後天堂的取向，也沒有惡根性的觀念。……以此，一個有教養的中國人同樣會斷然拒絕去不斷地背負「原罪」的重擔。……通常它都被代之以習俗的、封建的，或審美結構的各種名稱，諸如：「沒教養」，或者「沒品格」。當然，罪過是存在的，不過在倫理的領域裡，它指的是對傳統權威，對父母，對祖先，以及對官職層級結構裡上司的冒犯（1989a：294-296，209-210）。

清教徒相反地卻有一個超俗世，並與此世之間存在著「一種巨大的、激烈的緊張對立」（1989a：294）。他們一方面被要求「活在此世」，而非出世；另一方面，則被要求不能「屬世」。後者意味著完全缺乏超越意識，只是努力於認同及結合於現世既存的結構、道德與價值體系。前者則抱持著彼世的道德與價值理念來生活於現世。

對於儒家來說，現世並非沒有罪惡。然而，現世的罪惡並無需求助於超俗世來解決。既然罪只是沒有教養或品格，而非一種屬於「原罪」的惡根性。因此，克服它只需要俗世的道德教育，不需要上帝。換言之，儒家的「救贖」全然在此世中發生與完成的，它「從來不曾出現過任何……從一位高舉倫理要求的超俗世上帝所發出的先知預言」（1989a：217，296-297）。韋伯相信，這種

超越意識的缺乏，使得儒家失去「一種與此世相抗衡的自主的反制力」，因為它永遠只在俗世的結構、道德與價值體系中尋找答案，當然會缺乏「自傳統與因襲解放出來而影響行為的槓桿」。對於既存的一切，儒家固然也會有所批判；但批判所依據的標準仍然是俗世性的傳統與因襲；不外是古聖先賢的禮儀、傳統典籍，以及家族主義。韋伯說道：

> 真正的先知預言會創造出一個內在的價值基準，並有系統地將行為導向此一內在的價值基準。面對此一基準，「現世」就被視為在倫理上應根據規範來加以塑造的原料。相反地，儒教則要適應外在，適應於「現世」的狀況。……不去企及超出現世以外的種種，個人必然會缺一種與此世相抗衡的自主的反制力。……在儒教倫理中所完全沒有的，是存在於自然與神之間、倫理要求與人類性惡之間、罪惡意識與救贖需求之間、塵世的行為與彼世的補償之間、宗教義務與社會──政治的現實之間的任何緊張性。也因此，缺乏透過一種內在力量自傳統與因襲解放出來而影響行為的槓桿（1989a：302-303）。

反觀基督新教，其超越意識則為清教徒提供了衡量現世的尺度、批判現世的泉源，以及改造現世的動力。在彼世的對照下，此世當然顯得污穢不堪、亟待改造。而所有的傳統與因襲或任何形式的既存權威也都失去了神聖性。按著清教徒所領受的召喚，他們不得不依照上帝的道德與價值、很有理性紀律地來改造與轉化這個世界。

韋伯相信，上述的差異導致了儒家的「制慾精神」根本就缺

乏入世性。而這一種可以稱之為「此世制慾」的倫理，正是儒家不利於近代資本主義發展的關鍵。相反地，「只有清教的理性倫理及其超越俗世的取向，將經濟的理性主義發揮到最徹底的境地」（1989a：315）；並從而開展了攸關近代資本主義興盛所需的理性化之生產技術、組織紀律、法律與行政機關，以及理性化的牟利行為和經濟生活（1991：9-15）。

不只是經濟的理性主義，更重要的是，韋伯說道，雖然儒教徒與清教徒都是「清醒的人」，都強調理性紀律，後者卻具有一種倫理精神，就是卑微地透過「入世制慾」，將自己和世界（當然包括財富和經濟）改造為榮耀上帝的工具；並視此為信仰倫理上的一項召喚與責任。但儒家卻拒斥成為上帝的工具，它透過傳統的典籍和道德制約來自我實現，追求的是功名、財富、聖賢人格以及「教養階層地位」之類的現世目標（1989a：315）。對儒家而言，謀求財富與經濟的成功，或許是可欲的目標，但絕對不會是倫理上的召喚與責任；甚至它們在某些面向還會受到傳統與道德的制約。

二、韋伯對儒家的斷言遭逢怎樣的批判？

韋伯如此對儒家的論斷，堪稱精采與原創，但可想而知的是，遭到了不少學者的非議。譬如，狄百瑞（Wm. T. de Bary）就透過對朱熹、真德秀、黃宗羲以及海瑞等自由傳統的研究，批評韋伯忽略了「新儒家道德觀中的內在取向性」、「看不見天是如何影響人的良心，使人在理想層次與實際境遇之間保持一種動態的緊張關係——亦即是指天如何對人的境況能有控制的能力」（de Bary, 1983: 7; Metzger, 1977: 49-60, 238）。簡單地說，狄百瑞相信，儒

家雖是一個具現世性的理性倫理，但韋伯不該忽略「天」這個概念在其中所扮演的制約角色。

　　循著這個脈絡來發展，更有代表性的質疑是來自余英時。他藉由《中國近世宗教倫理與商人精神》的力作，再三陳明儒家有另一種特殊的彼世。他說自南北朝以來，佛教徒以及一般士大夫幾乎都認定儒家祇有「此岸」而無「彼岸」。以宋儒習用語言表示，即是有「用」而無「體」，有「事」而無「理」（1987a：54）。但在新禪宗的挑戰下，不得不改弦易轍，努力建立一個屬於「心性論」的「理」的彼岸世界。它與佛教不同之處在於其「是實有而不是空寂」。而在這個「理」之上添出一個「天」字，就是為儒家的「人倫近事」提供一個形而上的保證（1987a：55-56）。不止如此，其另一個用意，是為了不容許人們效法道家的「逃世」以及佛教的「出世」（1987a：60）。

　　余英時又指出，新儒家用各種不同的語言來表示這兩個世界。以宇宙論而言，是「理」與「氣」；以存有論而言，是「形而上」與「形而下」；在人文界是「理」與「事」；在價值論領域內則是「天理」與「人欲」。但無論稱呼如何，它們都代表著與西方基督教有所不同的另一種此世與彼世對照觀念。並且，它們這「一對觀念既相對而成立，則其中便必然不能無緊張性」。

　　　不過由於中國文化是屬於「內在超越」的一型，因此這兩個世界之間的關係是不即不離的，其緊張也是內在的，在外面看不出劍拔弩張的樣子。韋伯因為幾乎完全沒有接觸到新儒家，在這一方面便發生了嚴重的誤解（1987a：57）。

余英時甚至堅稱，「韋伯所犯的並不是枝節的、事實的錯誤，而是有關全面判斷的基本錯誤。」

> 儒家對「此世」絕非僅是「適應」，而主要是採取一種積極的改造的態度；其改造的根據即是他們所持的「道」或「理」。所以他們要使「此世」從「無道」變成「有道」，從不合「理」變成合「理」（1987a：58）。

無論是在所謂的「天命之性」與「氣質之性」之間，或是天理與人欲之間，新儒家在其中所鋪陳的關係，都「是永遠在高度緊張之中，但又是不即不離的」。一方面，「天命之性」和天理必須去克制「氣質之性」和人欲；但另一方面，彼此又永不能分離（1987a：58-59）。這一點正與韋伯所描述的清教徒倫理一樣，都無法以疏離代替緊張。

余英時相信，新儒家是以極其嚴肅的態度對待此世的負面力量的，甚至「時時有一種如臨大敵的心情」。他們的新人性觀已經綜合了孟子的性善和荀子的性惡了，其中，「惡的分量還遠比善為重」。因此，「他們絕不像韋伯所說的那樣，天真地相信人性自然是向善的。……政治和風俗都必須通過士的大集體而不斷的努力才能得到改善」。新儒家對此世的基本態度從來不是消極的「適應」而是積極的「改變」（1987a：61）。

為了強調新儒家從天理走向人事的「入世精神」，余英時進一步援引了許多史料，指出其目的是為了批判並超越新禪宗。他說，禪宗只有「識心見性」，而無「存心養性」。朱熹不諱言新儒家的修養工夫出自禪宗，但卻在「世俗倫理」上更多發揮。其中

一個核心的概念是「敬」，指的是在入世活動中一種全神貫注的心理狀態。而這正有如「天職」觀念，「頗有可與喀爾文教相比觀之處」。此外，新禪宗和新道教的入世苦行所強調的「勤勞、不虛過時光、不作不食等美德」，也隨著「執事敬」的精神而出現於新儒家的倫理。並且，新儒家還透過「鄉約」、「小學」、「勸農」、「義莊」，以及「族規」等多方面的努力，帶著使命感地將這些倫理推廣到全社會去（1987a：65-70）。這種改造社會的使命感，當然有別於清教徒的「選民」觀念。

> 新儒家不是「替上帝行道」，而是「替天行道」；他們要建立的不是「神聖社群」，而是「天下有道」的社會。他們自己不是「選民」，而是「天民之先覺」；芸芸眾生也不是永遠沉淪的罪人，而是「後覺」或「未覺」。而「正是在這種思想的支配之下，新儒家才自覺他們必須「自任以天下之重」（1987a：73）。

緣此，余英時指出，「以天下為己任」正可以看作是宋代新儒家「對自己的社會功能所下的一種規範性定義」。對照於喀爾文教徒的入世聖召，這兩者「對於自己的期待之高是完全一致的。所不同者，前者把對社會的責任感發展為宗教精神，而後者則把宗教精神轉化為對社會的責任感」。喀爾文教徒以上帝的僕人自居，其社會身分多是城市的新興商業階級；新儒家則以「先覺」自居，他們的社會身分是「士」。余英時強調，這種士的宗教精神，乃「新儒家的一個極其顯著的特色，這是在南北朝隋唐的儒家身上絕對看不到的」（1987a：74-75）。

　　而之所以會單單出現在宋代，他認為，外在的因素是社會變遷，尤其是中古門第的崩潰為最重要關鍵。「內在的因素包括了古代儒家思想的再發現。曾子的『仁以為己任』，孟子的『樂以天下，憂以天下』，以及東漢士大夫以『天下風教是非為己任』的精神都對宋代的新儒家有新的啟發。」但最大的關鍵則是受到了佛教入世精神的影響。舉凡范仲淹的「先天下之憂而憂，後天下之樂而樂」，還有王安石的「嘗為眾生作什麼」，可能都來自大乘佛教的菩薩行，而他們的基本精神都是「未度己、先度人，願為眾生承受一切苦難」（1987a：76-80）。

　　對於士的這種「以天下為己任」的宗教精神，余英時說，其與清教徒對照起來，雙方改造世界的具體內容、過程和成績是有所不同的，事實上也根本「無從比較」。但「僅以主觀嚮往而言，我們不能不承認兩者之間確有肖似之處」。「喀爾文教派要在此世建立一個全面基督化的社會；從教會、國家、家庭、社會、經濟生活、到一切公和私的個人關係，無一不應根據上帝的意旨和聖經而重新塑造」，新儒家則抱持著「經世」理想，企圖在此世全面地建造一個儒家的文化秩序。他們以「天民之先覺」自居，並將「覺後覺（包括士、農、工、商四民）看作是當仁不讓的神聖使命」。此一經世理想體現在北宋時期主要為政治改革，到了南宋以後，則日益轉向教化，尤以創建書院和社會講學為其最顯著的特色（1987a：74-85）。對余英時來說，重要的是，他們一概都屬於「入世制慾」的類型。

　　進一步地，隨著陸象山和王陽明的特質和努力，余英時指出，新儒家倫理已深入民間，直接通向社會大眾，不再為士階層所專有了。而「新儒家倫理在向社會下層滲透的過程中，首先碰

到的便是商人階層」（1987a：90-92）。這不只是因為16世紀已是商人非常活躍的時代；宋以後的士也多出於商人家族；更關鍵的是，「商人是士以下教育水平最高的一個社會階層」（1987a：98；122）。余英時又以極多的原典和史料，說明了傳統上「士農工商」的四民順序已經實質受到重大修正；明清的儒家和商人都重新估量商人階層的社會價值了，甚至，「棄儒就商」都有一天天增漲的趨勢（1987a：99-120）。

他相信，這一切促成了新儒家倫理轉化為明清商人的內在精神和義理。當時許多的「商業書和社會小說中都包含了通俗化的儒家道德思想」，它們構成了商人吸收儒家倫理的另一個來源（1987a：124）。余英時從許多例證中言之鑿鑿，聲稱「儒家倫理已經推廣到商業界」了，它對於當時商人的實際行為確實發生了直接或間接影響（1987a：129-136）。

就好像「韋伯論新教倫理有助於資本主義的發展，首推『勤』（industry）與『儉』（frugality）兩大要目」，余英時也同樣說道，新禪宗的「不作不食」、新道教的「打塵勞」，和新儒家的「人生在勤」及「懶不得」都更加深了中國人對勤儉的信仰；而進展「到了明清時代，這種勤儉的習慣便突出的表現在商人的身上」（1987a：137-138）。

還有，明清商人倫理中「誠信」和「不欺」也是占有中心位置的德目。韋伯卻一口咬定中國商人的不誠實和彼此不信任，並認為這與清教徒的誠實和互信形成了尖銳對比。余英時批評韋伯這樣的指謫有待商榷，因為「以16-18世紀的情形而言，中日研究者幾乎異口同聲地肯定了中國商人的誠實不欺」（1987a：140）。

楊君實曾經質疑，內在超越之說能導出將賺錢當作是「倫理

上的責任」此一結論嗎（楊君實，1987：254）？對余英時來說，這無疑是肯定的。他一再辯稱，明清商人絕非如韋伯所理解的只有營利欲，而無超越性的宗教道德信仰，或「內在價值內核」（1987a：141-146）。清教徒的財富動機是為了榮耀神，是一種來自上帝召喚的倫理責任，而明清商人同樣「深信自己的事業具有莊嚴的意義和客觀的價值」。士的事業在國，是「立功名於世」；商的「基業」在家，也足以傳之久遠。而兩者相較，「良賈何負於閎儒」？這對照於王陽明所說的「雖終日作買賣，不害其為聖為賢」是相通的（1987a：148-150）。余英時相信，在明清時代，

> 由於商人自己和士大夫都開始對商業另眼相看，商業已取得莊嚴神聖的意義。王陽明說「四民異業而同道」，現在商人確已有其「賈道」了。因此商人也發展了高度的敬業和自重的意識，對自己的「名」、「德」看得很重（1987a：150-151）。

余英時上述整個對韋伯的挑戰和質疑，強而有力。與韋伯之論同樣堪稱精采與原創，絕對屬於經典地位。只是它們能站得住腳嗎？

　　回頭考察韋伯的論證結構，並分析余英時的對照和駁斥重點，吾人其實可以更大範圍地歸結出兩個關鍵來進一步研討。這兩個關鍵是有層次性的。首先，儒家是否確實如韋伯所說的，缺乏上帝或天之類的超越意識，故而無從形塑出與此世之間的緊張性，並構成對此世的批判力量呢？其次，若果儒家在某種意義上缺乏上帝或天之類的超越意識，是否有其他類型的超越意識，可以取代性地形塑出與此世之間的緊張性，並構成對此世的批判力量？

三、中國是否欠缺上帝或天的超越意識？

先就第一個關鍵而言。持平而論，韋伯在此方面的討論確實不夠周延和深入。儒家雖有濃厚的人文與理性精神以及強烈的現世取向，但不只是余英時所指陳的新儒家而已，早自商周時期開始，中國就已經不缺乏諸如上帝或天的超越意識了。

雖然有不少學者認為，商民族所謂的上帝就是他們的祖宗神[3]，或是「殷商祖先的集合體」（Chang, 1976: 157；許倬雲，1968：435-458）。但對此，徐復觀曾提出有力的駁斥，指出先王先公根本與上帝處在不同層次[4]。更重要的是甲骨文學者的研究，呈現了

---

3 這種看法大抵是受到了王國維、郭沫若以及傅斯年的影響。王國維認為「帝者，蒂也……象花蕚全形，未為審諦，故多於其首加一」（1975：卷六，藝林六）。又在〈殷卜辭中所見先公先王考〉及續考兩篇中表示，「其云帝與祖者，亦諸帝之通稱……故祖者，大父以上諸先王之通稱也」（1975：卷九，史林一）。傅斯年也明言上帝是殷商的祖宗神（1980：265-278）。郭沫若則說殷人的宗教是將自己的圖騰動物移到天上，因此是祖先神兼至上神。他又根據山海經的神話更具體地說，殷民族的上帝就是帝嚳，而帝嚳就是帝舜、亦是帝俊（1936：10-17）。屈萬里對此一問題的看法則似有矛盾。他一方面說，帝不是上帝、天帝或人間的帝王，而只是跟祭祀有關的「禘」；但在另文中卻又承認卜辭中有以帝表示至上神的信仰（1985：387-388，536）。

4 徐復觀舉出了三項懷疑。他說，第一，商周兩家的祖宗不同，如果上帝是商的祖宗神，則周人信仰上帝，豈非以殷人的祖宗神為自己的祖宗神嗎？有可能會扛著殷商祖宗神的招牌去罵商嗎？第二，如果說上帝是殷商的祖宗神，則凡稱到上帝時即等於稱到殷商的先王先公，二者的地位不僅在同一層次，而且在每一場合中，都只會稱二者之一，或者互見互稱。然而在史料中先王先公與上帝卻經常以不同層次和意涵同時出現。譬如，既然說商的始祖契是「天命玄鳥」而降生的，即可見契不是天或上帝。又如商湯稱「有夏多罪，天命殛之……予畏上帝，不敢不正……爾尚輔予一人致天之罰」（尚書‧湯誓）。這亦可見湯

最直接的證據。胡厚宣說道，上帝毋寧是超越性的至上神，與世俗化的祖宗神在權能上不可同日而語（1959：25，37）。陳夢家也同樣指出，卜辭中的上帝絕不享祭，「上帝非可以事先祖之道事之」。也就是說，殷人並不能直接向上帝求雨祈年，他們必須以祖宗神為媒介；而這正是祖先崇拜盛行的原因。從表面的儀節來看，殷人是向祖宗神禱告，但施予與否的決定權完全在超越性的上帝（1936：485-576；1956：582，646）。

　　到了儒家最推崇的周公，更是搬出了所謂「皇天無親，唯德是輔」的訴求（書經‧蔡仲之命）。這一類強調「天」之超越與道德性的口號，瀰漫在周初文獻中，並形成周公用以翦商和安撫商民的重要成分。固然周公天命論的主角是天，而非商民族常說的上帝，但這種混用卻能奏效，原因就在於天與上帝兩個概念所蘊含的超越性。因為，若天與上帝只是世俗性實體的映照，或者說，只是各自王室的祖宗神，那麼，周公予以混用來翦商，就變成極端無知而必遭挫敗了。試問，哪有可能以自己的氏族神來號召與安撫敵人呢？它必然只會激怒商民族。

　　周公此一翦商的訴求代表了一個重大意義，即中國不僅有上帝或天之類的超越意識，而且經由祂們對殷商王權的挑戰及政治號召，正呈現了一種韋伯意涵的「與此世之間的緊張和批判性」。

　　不只商周時期是如此，到了兩漢，諸如上帝或天的超越意識還經歷了一場復興。主要是受命說和災異論，扮演的主角則是漢

不是天或上帝。類似的例證更是不勝枚舉（尚書‧盤庚上；康誥；召誥；多士；君奭）。第三，周公認為夏朝的興廢也是由上帝在那裡管事的，難道說殷的祖宗神管到夏朝去了嗎（1982：239-243）？

武帝和董仲舒。原本在漢文帝時，祭祀仍表現出儒家的人文與理性精神。但到了漢武帝後，祭祀已轉化為一種原始性的功利宗教。他極為關心長生不老以及天地災異之事（徐復觀，1966：9-10），尤其熱中於「封禪」來作為自己受天命的證據。這種受命的觀念其實由來已久。《呂氏春秋》就記載了黃帝、夏禹、商湯和周文王等的受命之符；如大螾大螻的出現、草木於秋冬不枯、水中出金刃，或是赤鳥銜丹書于周社（應同篇）。而秦始皇及漢高祖也有各自的符瑞說（史記‧封禪書，高祖本紀；漢書‧郊祀志第五上）。

　　起初，在董仲舒的設計中是企圖藉天抑君的。他要求受命應以有德者為範圍；而有德與否，則在於民心的向背。但到了漢武帝後，所謂的有德與民心向背已形同虛設，神祕性的符瑞才是主要的訴求。王莽的天命證據不僅數量龐大、象徵實際、甚至是指名道姓（漢書‧王莽傳第六九上）。東漢光武帝則由於新莽前朝的插入，情況不允許沿用受命說，故採取了西漢成帝時甘忠可與哀帝時夏賀良的「再受命說」（漢書‧李尋傳，哀帝紀），一方面用以證明新莽前朝的不正當；另一方面則用來表示劉姓漢家的中興、再膺天命。此外，光武帝也以大量更具原始宗教性的「讖緯」作為天命證據。所謂的讖就是一種宗教預言，而緯則是以宗教觀點詮釋儒家經典，將《六經》神道化。在西漢末年，讖緯與儒學已經糾結難分，儒生與方士已經混合了。此後中國歷朝皇帝以符瑞受命來支持政權正當性的情形同樣層出不窮。

　　較之受命說更為凸顯的是災異論。早自春秋時代，以自然災異來預卜吉凶即已流行。發展至兩漢，董仲舒同樣賦予了藉此來抑君的企圖。當時風氣之盛，帝王的主要職責似乎變成了「調陰陽」，特別是要依四時、十二月、八風擬定時政綱領（漢書‧宣帝

紀第八；後漢書‧顯宗孝明帝紀第二）。而環繞此一職責的眾臣與官制則儼然形成一宗教系統，有些官制根據天象而設，有些則根據五行而設（春秋繁露‧官制象天第二四，五行相生第五九）。重要的是，這些設置並非空洞而表面化的，它們在履踐上表現了很大的宗教制裁力。由於陰陽不和而自責、自殺或遭劾奏者皆有之。如西漢哀帝時的宰相王嘉、左將軍領尚書事師丹是，西漢成帝時的丞相翟方進，東漢質帝時的太尉李固。天子下詔自責的例子在宣帝以後非常多（鄭志明，1986：85-95）。

　　兩漢的這些現象，不僅證明了一種超越儒家人文與理性精神的原始宗教普遍存在，而且藉由受命說與災異論，充分揭露出此一原始宗教性的天與此世之間存在著一種互動關係。在天人感應下，雖然此一互動關係未必就是緊張和批判性，反而可能是賦予正當性或聖化；但至少，尤其是災異論，緊張和批判性此一面向仍然是絕對旺盛的。

　　綜上所述，韋伯斷言儒家缺乏上帝或天之類的超越意識，並因而無從形塑出與此世之間的緊張性，構成對此世的批判力量，這似乎是難以站得住腳的。然而，若吾人再深入細究，韋伯的斷言其實也不為過。因為從殷商以來，諸如上帝或天之類的超越意識，就一再地遭逢世俗與人文化的挑戰和命運；而這種轉化愈成功，就愈容易衍生出一種如韋伯所說的結果，即無從形塑出與王權和傳統之間的緊張性和批判力量。儒家的藉天抑君就是如此。無論是孔孟抑或董仲舒，表面上看起來是呈現了對王權和傳統的批判，但最後卻都歸結於統治者的道德仁政和民心向背。嚴格來說，這並不能算是真正的超越意識。因為，天毋寧更多是一個象徵，內在於心而不在於外；它同樣被世俗與人文化了，表現為一

種現世性的理性精神。

　　回顧前揭的歷史，超越意識的此一世俗與人文化，開始於殷商原本的至上神被轉化為祖宗神。日本學者伊藤道治即指出，甲骨文中自武丁以來的第一期，祭祀主要獻給至上神；第二期以後，祖先開始也稱帝，地位日漸重要；第三期時對先王的祭祀非常頻繁；到了第五期，祭祀祖先帝的週期才得以確定（傅佩榮，1985：21）。另一位甲骨文學者董作賓的研究，同樣支持了此一看法（董作賓，1965：103-118）。這透顯了一個重大事實，即至少就殷商前期而言，政治王權的終極根源仍為至上神的信仰（傅佩榮，1985：4）。但到了殷商後期，由於世俗與人文化，也就是諸王僭用至上神的稱號「帝」來榮顯先祖先王，逐漸轉變為祖先崇拜了。

　　史華慈（Benjamin I. Schwartz）指出，至少就商周時期而言，「祭祀祖先」（the worship of ancestors）與「祭祀死者」（the worship of the dead）是意義不同的兩回事（1985: 21）。後者只是在感情上對去世者的追思與緬懷；而前者卻是在社會上對自己家族過去光榮與權勢的展示與誇耀。它尤其逐漸成為貴族王公的權力象徵（1985: 21; Granet. 1975: 57），因為只有他們擁有足夠可誇的家族光榮與權勢。而且隨著政治鬥爭的熾烈化，這種形式的對光榮與權勢的誇耀更加成為必要。

　　　　祖墳是王室都府的支配性象徵。這或許提示了我們，王室祭
　　　　祖的儀節是其安定城市的首要功能……統治者們處心積慮於
　　　　祖先崇拜的宗教，以作為王室正當性的基礎（Schwartz, 1985:
　　　　21）。

造成這樣一種世俗與人文化的有力因素，筆者認為，主要是中國始終欠缺獨立的「祭司階層」。先祖先王作為天人之間的中介者，在長久分享上帝的權柄與尊榮後，很自然地在角色期待與身分自覺上逐漸聖化；再伴隨著政治上的刻意操作，王室世系的神聖性就被絕對化了。而超越性的至上神在經過祖先崇拜的政治轉化後，已經淪為商朝王室一家的專利神。

這不啻證明了韋伯的斷言在某種意義上並沒有錯。殷商雖有上帝此一超越意識，但到了中晚期已經世俗與人文化了。借用韋伯的概念來說，這不是入世，乃是屬世了；至上神不再是抱持著超越價值來批判與改造現世，反而被轉化為家族性的祖宗神，用來認同並結合既存的自家王權體系。一直要到周公，藉由「皇天無親，唯德是輔」的訴求，才重新恢復了至上神的道德面與超越性。誠如傅斯年所說的，周公的所為讓天脫開了商末祖宗神的自私與狹隘，成為臨照四方、公正不偏的至上神（1980：265-278）。

只不過，即使周公的此一至上神的復興還是世俗與人文取向的。因為它更多是基於政治性的考慮與策略，而非一種純粹而超越的宗教精神。周的興起雖然使得至上神再次壓倒祖宗神，但周初仍出現了許多懷疑天的言論，而各種宗教的儀節也逐漸凌駕神靈之上。嚴格來說，此際已不再有原始的神權政治之實質了。即使占卜以辨天命，也加諸了許多人文與政治色彩。新興的政治典範毋寧是以道德為核心的治理。即使周公在訴諸天的超越性之際，也強調面對天曾經收回夏和殷政權的歷史教訓，「惟寧王德延，天不庸釋于文王受命」（尚書·君奭）。也就是說，要在人文層次上努力，以德治來延長天命。周中葉以後，這樣一個宗教世俗與人文化的過程更加明顯了。至上神及宗教精髓名存實亡；各

種祭禮也更進一步淪為功利主義與政治權威的象徵。發展到春秋戰國的孔孟荀，這樣一個宗教世俗與人文化的歷程算是完成了。

唐君毅很貼切地以「天神信仰」到「天道觀念」的轉化，來總結了這一段宗教世俗化的歷程。具體的要點有四：第一，是天神之人格性的轉化，即以天為自然之天；第二，是天神之外在性的轉化，即以天在吾人之心中；第三，是天人相對而有欲性的轉化，即不對天作交易式之祭祀與犧牲；第四，是外在禍福與內在善惡之不相離性的轉化，即不以外在禍福為天神之賞善罰惡的表現（1977：174）。唐君毅的這四個要點並不見得周全，卻很有說明上的代表性。

進一步地，到了兩漢，雖然如前面所述的，經由受命說和災異論，天此一超越意識經歷了宗教復興，儒家的人文與理性精神轉而受到貶抑。但欠缺獨立的祭司階層此一因素，仍支配性地阻礙了超越意識的發展。因為，這意味著對天之超越性的最終解釋權，是握在最有權力者的手中。經常可見的是，統治者總基於實質的支配權力與巨大的版圖，詔告自己受命於天；而奪權成功的革命者或草莽英雄，也同樣聲稱自己的勝利證明了前朝的無道。蕭公權曾貼切地說道：

> 文帝以日食下詔罪己，哀帝則以天變策免丞相。董仲舒以「天人相與」誡武帝，王莽則陳符命以篡漢祚。班彪以王命論警隗囂，公孫述則稱圖讖以據蜀。此後魏、晉、六朝之篡竊，無不假口天運以為文飾，不僅上古敬畏天威之信仰完全消失，乃至並與天命而竊之，以遂其僭弒淫暴之毒（1977：109）。

　　西方的基督教則不然。至少在宗教改革之前，對上帝旨意的解釋權是毫無疑問地握在神職人員手中的。王權儘管可以威脅利誘、甚或剷除不支持自己的神職人員，但仍始終不具有詮釋上帝旨意的正當性。

　　更嚴重的是，董仲舒在透過受命說和災異論以抑君之際，竟建構了將超越意識予以世俗化的最關鍵工程。他指出，天道高遠，非凡人所能及。因而必需要有中間的媒介者；並且，此一中間的媒介者，正是宇宙秩序與人事政治能否調和及依序運作的樞軸所在。董仲舒基本上接受孟子的性善說，但又同時覺得人性中有不能全善的遺憾；「米出禾中而未可全為米也。善出性中而性未可全為善也」。他相信，還得在「天性」之外加上「人事」（春秋繁露‧深察名號第三五）。而這個人事指的是什麼呢？就是「君道」與「王教」。所謂「止之內謂之天性，止之外謂之王教」（實性第三五）。人的善性只是進德的潛能，而若要實現此一潛能，必得進一步仰賴諸如王教這樣的外在制約和規範。因此，董仲舒結論道：

> 天生民，性有善質而未能善，於是為之立王以善之。此天意也。民受未能善之性於天，而退受成性之教於王。王承天意以成民之性為任者也（深察名號第三五）。

董仲舒這樣的主張是劃時代的。因為，君主之於人民，竟出現了一種絕對必要的成善性。也就是說，天子變成臣民之善質的實現者。

　　以基督新教而言，天人之間唯獨以耶穌為媒介；其他的任何

人都被排拒擔任這個角色。而耶穌是由上帝而非人類派出的代表，並被稱為與上帝同質同體的三一聖子。只有祂是救贖的中保、是人們之善質的實現者。但在董仲舒以及所有儒家的天人理論中，可以確定的是，絕對沒有像耶穌這樣與上帝同質同體的類似於聖子的存在。因而，擔任天人之間的媒介角色者，就只有在人世間的聖王了。

　　經由董仲舒上述的詮釋，君王站穩了在天人之間的樞紐地位；而一種基於宇宙論的普遍王權（universal kingship）於焉形成（Schwartz, 1985: 413）。難怪，董仲舒藉天抑君的企圖終歸失敗。因為他在超越意識之外還增添了聖君可以代表天的理論。結果，儒家文化中的超越意識並不能真正發揮制衡皇帝的原始功能，反而是賦予了天子及其相關制度與符號的神聖性。也就是說，它經常所真正提供的，不是對世俗神聖性的貶抑功能，而是增強功能。皇權代表著天上的聖言與光耀，正是所謂的「皇極之敷言，是彝是訓，于帝其訓。凡厥庶民，極之敷言，是訓是行，以近天子之光」（尚書·洪範）。

　　當然，西方在基督教影響下，並非不存在著借上帝來增強世俗神聖性的情形。譬如是中世紀的聖職觀念，或是喀爾文所謂的政府神聖性，以及後來的君權神授說。但它們與上帝比較起來，都只能算是次等而相對的神聖。更重要地，它們絕對無從占有天人之間的樞紐地位，更無能作為臣民之善質的實現者。甚至，教皇與君王都被強烈地期待與要求，得承認自己是不折不扣、亟待成善與救贖的「罪」人。

　　這樣看來，韋伯斷言儒家缺乏上帝或天之類的超越意識，並因而無從形塑出與此世之間的緊張性，構成對此世的批判力量，

這其實並沒有錯。儒家訴諸於天的超越性，到頭來還是淪入了塵世王權，而其中的緊張性當然薄弱、甚至可以說是化為烏有了。

四、另一種內在式的超越意識與緊張性？

那退一步來說，儒家是否有上帝或天之外的超越意識，即另一種特殊的彼世，可以取代性地形塑出與此世之間的緊張性，並構成對此世的批判力量呢？這個提問其實正就是余英時所最在意而一再著墨之處。

誠然，如余英時前述所言，新儒家在「天命之性」與「氣質之性」之間、在「理」與「氣」之間，或是天理與人欲之間，都鋪陳了一種不即不離的緊張性。兩者既不能分離，又因矛盾衝突而須有所克制。甚至，他們的人性觀也已經有著濃厚的幽暗意識了。因此會以「一種如臨大敵的心情」來面對及超克政治和風俗上的罪惡。也就是說，新儒家對此世的基本態度，從來不是消極的「適應」而是積極的「改變」。

對於這番論調，韋伯肯定會義正詞嚴地提出批評的。因為，即使新儒家開展了屬於「彼岸」的「天命之性」，其「人倫近事」的核心實踐，終究是聖君、家族、典籍等傳統，以及由這些傳統所抽象演繹出來的情和理。

就以家族模型為例，韋伯有一段話很精闢地指出，清教徒呈現為獨立的個體，只需要去面對上帝；而儒家子弟卻必須以家族的成員身分來存在，並且因孝道及恭順而有無限義務。韋伯特別提到，「孟子拒斥普遍的『兼愛』，並認為那會抹殺了孝道與公正，是無父無兄的野獸之道。」

　　清教徒將所有的人際關係——包括那些在生命裡最自然親近
的關係——都評量為不過是另一種超越生物有機關係之外
的、精神狀態的手段與表現。虔誠的中國人的宗教則相反
的，促使他在既定的有機個人關係裡去發展他自己（Weber
著，1989a：303）。

　　伴隨而來的是，清教徒在職業團體裡「將一切都客觀化，並
將之轉化為理性的經營；將一切都消融為純粹的事業關係
（business relation），並以理性的法律與協定來取代傳統」（Weber
著，1989a：309）。而儒教徒則即使在職業團體裡仍講究和依賴家
族關係。

　　余英時對此有反駁之言。他說韋伯此一判斷是由於對中國史
缺乏認識的緣故。明清大賈與「夥計」的關係即已向「事業功
能」邁出了一大步。所以山西以誠實不欺著名的夥計才會成為其
他大賈「爭欲得之」的對象。余英時甚至聲稱，此一夥計制度
「可以說是中國經營管理階層的前身」（1987a：155）。

　　不過在筆者看來，余英時這些辯詞過於牽強了。一方面，儒
家強烈的家族色彩是難以否認的；另一方面，所謂的「夥計」制
度也根本難以符合韋伯對科層制度的標準，它恐怕仍是不折不扣
的「傳統型支配」下的忠順關係。那些大賈並不是職位的「上
級」，而是夥計的「主人」；夥計的身分基本上還是「隨從」；他
們的關係取決於個人的忠誠，並非「官吏無私的職責觀念」和自
由契約。再者，彼此的互動和職位上的行為，也還不能說是依據
於合乎理性的規章（Weber著，1996：29-31）。

　　如果余英時的此番論調是薄弱的，那麼，順應著韋伯的論述

邏輯，若天理只是此世人倫的形上翻版，何超越之有呢？在新儒家的鋪陳與論證下，固然天理與人「欲」存在著不即不離的緊張性，但天理與人「倫」卻不是矛盾，而是相應的；並且天理也不是高於人倫、而是彼此對等的實體。也就是說，在天理與人倫之間並不存在著所謂的緊張性。

　　細究而言，余英時的內在超越之說，恐怕是一種錯誤的類比。因為，韋伯所謂的此世，指的是社會既存的結構、道德與價值體系；譬如禮儀、典籍與家族等的傳統。而余英時所謂的此世，卻是代表著不倫、私己和惡性的「人欲」與「氣」。兩者各自落在不同層次的類別範疇裡，對照出來的緊張性當然也就各異其趣了。許多人嚴重誤解，以為韋伯認定儒家對此世只有「適應」而毫無批判；包括不倫、私己和惡性在內，儒家都只會予以默認配合。但這絕非韋伯的原意。他所謂的此世絕非余英時所說的「人欲」與「氣」。韋伯只是在表達儒家賴以批判的標準仍然是俗世性的傳統與因襲。儒家對於墮落者的救贖，永遠只在俗世的結構、道德與價值體系中尋找答案。

　　再從一個角度來審視所謂的內在超越。其較之基督新教的外在超越，不僅程度有別，性質也迥然不同。眾所周知的，儒家對於超越所採取的進路是內省自覺的，也就是透過自己的道德良心來反省和批判自己；並因而欠缺了西方那種訴諸外在監督及制衡的「制度性安排」。對於統治理想的實踐，儒家深刻期待的核心，始終是不斷進德修業、孜孜於道德自律的「君子」或聖君賢相。

　　學者錢新祖曾經作過一個很有價值的研究。他在分析劉宗周的《人譜》時發現，其中雖有許多自訟自責，但「自我」在角色

互換上卻具有高度彈性。自我既是批判者，同時也是被批判者。自我忽而在內，作為被控訴的對象；又忽而在外，成為對自我的控訴者（1983：17-18）。這充分顯示，儒家的超越進路確實是「內在」的，而整個超越過程中唯一具有主體性與決定地位的，就是道德化的自我，絕不假手於任何外在的「他力」。簡單地來說，就是透過自我的道德性超越來救贖自我。

這明顯地迥異於基督教在超越上的進路。基督教完全拒絕了人可以透過道德的自我修養與昇華而得到救贖。這就是為什麼要從《舊約》的遵守十誡和律法，進展到《新約》的十字架救贖與恩典。耶穌為救贖人類的罪而被釘十字架，此一「代價」行為正宣告了人無法透過道德的自我修養而「稱義」；救贖唯一之路是認罪悔改，接受自我已經因著十字架的代價恩典而稱義了。這其中所蘊含的重大的意義，是此一「超越」完全來自於上帝主動的作為，從來不是人透過自力的成果。

從基督教來看，儒家的內省自覺在生命超越上毋寧是一條死路。因為，大多數人存在著較之康德（I. Kant）的「道德趨迫」更無上的命令，即霍布斯（T. Hobbes）所謂的「自我保存」（self-preservation）。在自我保存的人性趨迫下，人經常選擇的是對自己有利的辯詞、判斷與立場。結果，內省自覺固然會發展出對自我的責備或批判，卻也極為可能演變成自我辯解、自我原諒、甚至是自滿與自義。關鍵的因素在於儒家文化中絕對而主體性的存有，是人而非天；但在基督新教中，絕對而主體性的存有，卻是上帝而非人。

宗教改革的主角馬丁路德（M. Luther）就曾屢次宣稱，人相對於上帝的本質和地位乃是「全然的罪人」（totally sinner）。既

然如此，在上帝與人之間的緊張性中，就無從發生角色互換的可
能。也就是說，上帝是絕對而永不妥協的批判者，自我則是永遠
卑微的被批判者。這與儒家的內在超越比較起來，明顯而嚴重地
欠缺得以自我辯解、甚或自我原諒的轉圜空間。它不僅會帶給被
批判者巨大的心理與改變壓力，甚至足以產生出許多如佛洛伊德
（S. Freud）筆下的精神病患來。

　　事實上，在佛洛伊德以西方為背景的理論中，「超我」的主
要部分，就是來自宗教的規範以及永不妥協的上帝諭令和旨意；
而「自我」相對地只是有罪而等待審判的焦慮存在。許多西方人
的存在光景，除了懺悔與認罪外，並沒有脫逃之路。所有的自我
辯解、自我原諒、自滿或是自義，也都站立不住。但儒家在內省
自覺的道德進路下，正如錢新祖所說的，存在的卻不是「分裂的
自我」，而只是在不同時間和場合裡，輪流扮演控訴者與被控訴
者的「完整的自我」（1983：18）。可以說，超我不過是自我的另
一種形式與化身。

　　以此而論，新儒家的天理相對於人欲，固然如余英時所說的
有其內在超越性。但在內省自覺的途徑下，正就如一場自己審判
自己的場景。試問，自己審判自己又有何真正的緊張性可言呢？
自己雖是嫌疑犯，卻同時是主持控訴的檢察官，還是最後宣判裁
決的法官。它通常的結局，恐怕很難不是無罪開釋了。既然給予
審判壓力的就是自我，若要紓解壓力，也只需要求助於最好商量
和講話、又對自己最有感情的自我。如此一來，內省自覺反而替
自我的罪疚開展脫逃之路了。

　　整個來說，余英時的內在超越之說，不僅在基本上是一種錯
誤的類比，其所具有的緊張性也被高估了。它固然可以在某種程

度上修正韋伯所言，卻無法推翻其立論的本旨；更絕對不能像金耀基那樣，將它引用來證明「韋伯這個儒家倫理阻礙資本主義的發生論點是不易站得住腳的了」（1992：137）。或許，韋伯的問題只在於他的表達龐雜又曖昧，經常讓人混淆、甚至造成誤解。讓我們再回頭看看前述所引用的韋伯之言，來鋪陳這一節整個質疑的小結。

> 儒教……是個理性的倫理，它將與此一世界的緊張性降至絕對的最低點。……他們沒有超越塵世寄託的倫理，沒有介於超俗世上帝所託使命與塵世肉體間的緊張性，沒有追求死後天堂的取向，也沒有惡根性的觀念。……當然，罪過是存在的，不過在倫理的領域裡，它指的是對傳統權威，對父母，對祖先，以及對官職層級結構裡上司的冒犯（Weber著，1989a：294-296，209-210）。

> 在儒教倫理中所完全沒有的，是存在於自然與神之間、倫理要求與人類性惡之間、罪惡意識與救贖需求之間、塵世的行為與彼世的補償之間、宗教義務與社會──政治的現實之間的任何緊張性。也因此，缺乏透過一種內在力量自傳統與因襲解放出來而影響行為的槓桿（1989a：302-303）。

針對上述的這兩段話，韋伯或許應該修正的是，儒家雖是個「理性的倫理」，但並不缺乏諸如天或上帝之類的超越意識；它在「倫理要求與人類性惡之間、罪惡意識與救贖需求之間」也並非沒有任何緊張性；更不能說儒家「缺乏透過一種內在力量自傳統

與因襲解放出來而影響行為的槓桿」。

韋伯的第一個盲點在於，未能發現儒家的整個理性倫理始終是以天為最後基礎的；也就是說，儒家是存在著「彼岸」的，不是只有此世。如果完全否定掉了天，儒家的理性倫理將陷入無以立足的困境。這是立仁道於天道，而非以仁道取代了天道。

第二個盲點則在於，他錯誤地以為既然沒有超俗世的上帝，就不會存在著批判現世傳統與因襲所需要的緊張性。事實上，新儒家在上帝之外呈現了另一種特殊的「彼岸」，它同樣開展出了若干緊張性與批判力量。

但韋伯沒有錯的是，諸如上帝或天之類的超越意識，在中國一再遭逢世俗與人文化的挑戰和命運；而這種轉化愈成功，確實就愈容易衍生出一種結果，就是無從形塑出與王權和傳統之間的緊張性和批判力量。即使新儒家在上帝之外所呈現的另一種特殊「彼岸」，在本質上也同樣是如此。到頭來，天理不過是此世人倫的形上翻版，而所謂的人倫在落實上所根據的，又不外是源自於古聖先賢的禮儀、典籍與家族等傳統，以及由這些傳統所抽象演繹出來的情和理。再加上儒家的超越所採取的是內省自覺的不利路徑，自己是嫌疑犯又同時是主持控訴的檢察官，還是最後宣判裁決的法官。而在自我保存的人性趨迫下，其所能呈現的緊張性和批判力量恐怕就相當有限了。

固然，在余英時的論證下，「士」因秉持天理而負有改造社會的使命並政治上的批判力量；明清商人也因受到新儒家倫理的薰陶，而在生活的通俗層次上有其「賈道」。但無可否認的是，它們在現實情境中真正所展現出來的毋寧是相對薄弱的。也就是說，它們往往只是「理想」而已！對此，余英時一方面指出，其

真實的情況如何是一個方法論上的困難，無從用量化的途徑求得
解決（1987a：137）。但另一方面，他倒也誠實地提醒讀者，一般
的商人仍是孳孳為利的，正如一般的士人是為功名爵祿而讀書
的，只是其中有一些是「幼有大志」、秉持超越性動機的。「我們
也絕不能誇張明清商人的歷史作用。他們雖已走進傳統的邊緣，
但畢竟未突破傳統」（1987a：163-164）。

　　關鍵的原因是什麼呢？余英時認為在於專制和官僚的阻礙；
他說「良賈」固然不負於「閎儒」，但在官僚體制之前，卻是一
籌莫展了（1987a：164-165）。只是，從筆者前述的論證來看，除了
專制和官僚的阻礙外，內在超越此一路徑的本質弱點，應該也是
一個禍首。既然上帝或天之類的超越意識總被世俗與人文化，而
天理又不過是此世人倫的形上翻版，再加上內省自覺所導致的自
我合理化和自義，可想而知的，當現實情境出現了威脅利誘等的
壓力或困境時，原本該有的緊張性和批判力量經常就龜縮、甚至
瓦解了。訴諸內在超越的學者必須正視一個經驗上的事實，即西
方基督宗教中那種委身於上帝、為義受逼迫、乃至殉道的絕對精
神，在中國社會裡是少有的。

　　從這樣的角度來看，韋伯還是對的。雖然儒家的天、上帝或
天理，個中的超越和批判性是確實存在的，但並不具有如西方超
俗世上帝的真正地位。在儒家的精神和價值世界中，天或上帝是
有一個「座位」的，但比起清教徒給予上帝的「寶座」，可是有
很大差別的。整個韋伯的斷言，就由此鋪陳出了儒家缺乏超越的
向度。雖然仁道沒有取代天道，並且天在仁道的實踐過程中還扮
演著重要地位；但天意總依據著君主是否進德愛民而展現的，天
理到頭來還是人理。韋伯其實非常有洞見，他看得很清楚，儒家

的天所代表的是不具有救贖意涵的「俗世宗教」（lay religion）
（Weber 著，1989a：208）。儒教徒幾乎未曾懷疑過，靠著內省自覺的
力量就可以無限昇華、參天地之化育了。既然如此，何須外在的
上帝來救贖呢？明顯可見地，歷經世俗與人文化洗禮的仁道，已
經將原本宗教意涵的天轉化成道德意涵的天了。余英時所謂的內
在超越之說，固然可以在某種程度上修正韋伯所言，卻無法推翻
其立論的本旨。即儒家只是「此世制欲」。它缺乏「入世制欲」
因緊張性而從傳統與因襲中解放的足夠力量。因此，它一方面發
展不出近代資本主義所必須的經濟理性主義，也無從將謀求財富
與經濟上的成功視為倫理上的一項召喚與責任。

貳、經驗與實踐層次的質疑：通俗儒家説

　　談過了上述第一種對韋伯斷言最強而有力的質疑後，讓吾人
進入第二種類型的質疑。它不再從理論與思辨層次上著手了，而
是改從經驗與實踐的層次來挑戰韋伯。它立足於東亞的經濟奇
蹟，聲稱此一歷史過程已經推翻韋伯對儒家不利於近代資本主義
發展的斷言了。

　　話說 1950 年代的東亞，就如同其他亞非拉丁美洲社會一樣，
是屬於未開發的世界。國民所得低微，產業落後、缺乏競爭力。
但三十年後，至少在經濟層面，已開始躋身進步國家之林。即使
後來歷經東南亞金融風暴和若干不景氣循環，東亞社會在全球體
系中，無論就經貿分工、成長率以及國家競爭力而言，都已具備
舉足輕重的地位了。面對這樣一個巨大的轉變和成長，除了歸因
於若干國家政策、經濟要素與國際條件外，是否有一些文化上的

解釋呢？

　　對此，「儒家倫理」是盛極一時的答案。事實上，不只是盛極一時，迄今還相當程度地被視為既定結論，或是進行其他研討之先的已知前提。當然，此一答案的提出絕對與韋伯密切相關。一方面，它可以視為韋伯《新教倫理與資本主義的精神》一書在東亞地區的延伸應用；另一方面，它也代表了對韋伯有關儒家不利於近代資本主義之斷言的挑戰。

　　典型的論述就譬如金耀基所說的，「隨著東亞地區幾個社會生猛驚人的經濟發展」，此一「巨大的經驗現象」已經使得韋伯「對儒家倫理之有害經濟發展的假設」「受到了嚴厲的考驗」，甚至構成了「最大的挑戰」（1992：137，139）。他先是引用了沙潑生（Anthony Sampson）頗為感性的看法：

> 沒有任何地方比東亞這些年輕國家的經濟活動的速度更蔚為巨觀了。它們是台灣、南韓、香港與新加坡。……是什麼東西使這四個國家從亞洲的沉睡中突然喚醒？是什麼給予它們普洛米修斯（Prometheus）之火？是什麼給予它們浮士德的野心去控制它們的環境呢（1992：139）？

繼而進一步介紹了康恩（H. Kahn）和勃格（P. Berger）在這些方面的討論。並且力言，東亞的經濟奇蹟除了結構的因素以外，如果要有文化的解釋，答案就在於儒家倫理。因為「東亞這些社會屬於中國文化圈，……而中國文化的主導成素是儒家」（1992：141）。

　　主張類似立場的學者不計其數（于宗先，1985；魏萼，1993：18-

25；梁明義、王文音，2002：127-130），甚至還蔚為一股風潮。他們普遍地將焦點集中在勤勞節儉、重視教育、紀律順從、家族傳統以及集體主義等特質上；並且聲稱，這些特質雖然未必就是寫在傳統經典中的儒家思想，卻是表現在民眾日常生活中的「通俗儒家」，或是所謂民間的與「社會性儒學」（金耀基，1992：166）。這些概念所指涉的，康恩則稱之為「後期儒學論題」（post-Confucian thesis），意指東亞社會在儒家價值體系薰陶下所發展出來的思想和工作倫理（Kahn, 1979）。

勃格特別指出，他贊成韋伯對儒家不利於近代資本主義的看法，卻認為韋伯所講的儒家思想指的是中華帝國的義理，而不是普及到百姓日常生活中的儒家倫理。他說韋伯未能預見現代中國從帝國的保守力量解放出來後，儒家思想表面上雖然似乎死了，事實上已經轉變成為老百姓的一種工作倫理，並在現代化中扮演重要的角色。金耀基認同勃格的看法。他說，在今日「後期儒學」時代，那種「帝制儒學」或「制度化儒學」在東亞地區的華人社會中都不存在，或已解構改造了。然而，儒家的社會文化信念和價值，卻在非儒家式的制度環境裡，找到了顯示一種新的和再生的表達方式（金耀基，1992：143-144，166）。

至於此一新生的通俗儒家其主要的內涵是什麼呢？金耀基歸納道，「是一套引發人民努力工作的信仰和價值」，「一種深化的階層意識，一種對家庭沒有保留的許諾（為了家庭，個人必須努力工作和儲蓄），以及一種紀律和節儉的規範」（1992：144）。

整體而言，這些論述不乏有力的卓見和啟發性，也得到相當普遍的肯定回應。但它們是否確實動搖、甚至推翻了韋伯對儒家不利於近代資本主義的斷言呢？讓吾人先將其議題本質加以釐清。

一、與韋伯斷言有真正的遭遇和挑戰嗎？

首先呈現出來是，此一論述的開始竟然就在主題上與韋伯失焦了。韋伯的提問所針對者，僅僅是西方的近代資本主義，而非更為廣義的經濟發展或是所謂的「商業資本主義」（mercantilism or commercial capitalism）。按照韋伯的定義，後者只是一種單純地將私人獲得的資本用之於經濟交換中以賺取利潤的類型。

在韋伯原本的論述中，早就完全承認了儒家有功利主義的一面以及對財富的肯定；他也發現中國人從商的精明和商業活動的熱絡。他甚至說，在中國這塊土地上可以清楚地看到「營利欲」和「對於財富高度的乃至全面性的推崇」（Weber 著，1989a：309-310）。但令人驚訝的是，韋伯說道：

> 在這種無休無止的、強烈的經濟盤算與非常令人慨歎的極端的「物質主義」下，中國並沒有在經濟的層面上產生那種偉大的、有條理的營業觀念——具有理性的本質，並且是近代資本主義的先決條件（1989a：309）。

因為，近代資本主義更是一種「精神氣質」。兩者的區別「並不在賺錢欲望的發展程度上」。它不是為了享樂或個人利益而賺錢，而是將賺錢當作是倫理上的責任或召喚[5]。

---

5 這個字在德語是 Beruf，有終生的職業的意思。譯為「天職」似有出入。它至少含有一個宗教的概念，即上帝安排的任務，是來自上帝的召喚（Weber 著，1991：59）；在華人基督教圈中通常譯為「呼召」。

> 有一些人讓黃金欲成為不受控制的欲望，並全身心去順從
> 它。……在歷史上的任何一個時期，只要有可能，就必有置
> 任何倫理道德於不顧的殘酷的獲利行為（1991：41）。

但近代資本主義的精神，則「更多是對這種非理性欲望的一種抑
制或至少是一種理性的緩解」（1991：8，36-37，44）。它一方面譴
責對財富的貪欲和唯利是圖的道德盲目；另一方面，卻又將追求
利潤和致富看作是敬虔誠實者的信仰考驗和結果。

　　據此，即使論者證明了東亞經濟奇蹟得力於儒家倫理，也不
能說是推翻了韋伯之論。因為，韋伯所斷言的，乃儒家缺乏一種
將賺錢當作是「倫理上責任或召喚」的信念，而非儒家無法產生
任何追求利潤的動機和致富的效果；韋伯所斷言的，是儒家不利
於近代資本主義的萌芽，而非廣義的經濟發展。

　　韋伯一再力言，僅僅是商業活動的昌盛，未必可等同於近代
資本主義的興起。他特別強調後者的「理性化」特質，即它運用
理性化的生產技術、展現理性化的組織紀律、結合理性化的法律
與行政機關，以及理性化的牟利行為和經濟生活（1991：9-15）。
但近代資本主義的這些特質，顯然與東亞經濟的真實面貌有很大
差距。東亞國家普遍經歷長期的威權統治，更多傾向於不利近代
資本主義發展的「傳統型支配」[6]，而不是理性化的法律與行政機

---

6 按照韋伯所見，傳統型支配是不利於近代資本主義發展的。主要原因如下：第
　一、因為它的經濟往往只是達成政治與社會穩定的一個必要條件。近代資本主
　義中那種「利潤無限擴大」的觀念不僅不必要，而且還經常被當作一種道德上
　的罪惡，當然最主要的原因，是它在某種程度上威脅了支配者所代表的社會與

關。其企業又經常兼以濃厚的家族主義，欠缺科層體制的理性紀律；並且，就在企業精神的闕如下，也幾乎談不上什麼理性化的牟利行為和經濟生活[7]。雖然時至今日的東亞風貌已有所變遷，但上述狀況的歷史確切性仍告訴了吾人，並不適合根據於東亞的經濟現象，來檢證韋伯有關儒家不利於近代資本主義發展的斷言。

進一步地，這些學者的論述不只在主題上與韋伯失焦了，還在論證的訴求途徑上根本避開了韋伯。他們幾乎都只是立基於經驗性的東亞經濟奇蹟，而對於韋伯斷言的基礎論證竟完全未置一詞。譬如，對於中國是否欠缺天或上帝之類的超越意識；或者，儒家的「制慾精神」是否就無入世性；還有，儒家是否在個人與世界之間缺乏緊張性，因而無從發展出自傳統與因襲中解放的批判力量；儒家又是否只透過傳統的典籍和道德制約來自我實現，追求的不過是功名、財富、聖賢人格以及教養階層地位之類的現

政治的體制秩序。第二、重要的利潤之門，譬如各種規費、雜稅，甚至重要的民生物資等企業，幾乎都掌握在支配者及其行政幹部手中。第三、管理執行的一般性格也限制了理性經濟行為。他們一方面缺乏正式專業的訓練；另一方面，所秉持的傳統主義也對理性規則造成嚴重的障礙。既談不上效率，更充滿了賄賂及貪污。而「現代資本主義對於所有法令、管理及稅收上的不合理性皆太敏感，因為這些不合理的制度摧毀了可估量性（calculability）」（Weber著，1996：51-57）。令人驚訝的是，韋伯在考察中國的時候竟然也注意到，先秦時期有「經濟政策卻沒有創造出資本主義的經濟心態。戰國時代的商人的貨幣利得，實際上可說是國家御用商人的政治利得」（1989a：305）。

7 韋伯就曾在一段文字中說道，新教倫理的一大成就，正是打破親屬的束縛，使家與商業完全分開；而反觀中國，則太重親族的個人關係，喪失企業精神，導致經濟發展受到了限制（1989a：304，309）。

世目標。這些都是韋伯據以斷言儒家不利於近代資本主義的關鍵立論，但它們在康恩、勃格和金耀基等人的論述中卻是徹底被邊緣化的。這些學者純粹地只從東亞經濟的經驗性歷史發展，來衍生並斷言儒家倫理正是其背後的文化因素。

　　最特別的是，他們明白指出，自己所討論的是與韋伯所批評者不同的另一種儒家。這清楚意味了他們並沒有打算要真正地與韋伯對話，當然也就不必理會韋伯的基礎論證。他們所做的其實非常弔詭，即在韋伯所批評的傳統儒家（他們稱為帝制儒家或制度化儒家）之外，提出韋伯根本沒有提到過的另一種通俗儒家，然後用來駁斥韋伯在批評傳統儒家時所得到的結論。

　　這種弔詭當然可議。因為他們對於韋伯的斷言並沒有推翻，也無所謂肯定，而是根本沒有碰觸、也無交鋒。韋伯原本所指的是，傳統儒家不利於近代資本主義的發展；而這些學者所聲稱的，卻是在中華帝國崩潰後的現代新境中，出現了一種有利於經濟發展的通俗儒家。至於韋伯對過去那種儒家不利於近代資本主義的斷言是否正確呢？雙方既未遭遇，也無所謂挑戰。讓筆者打個符號比方吧！韋伯原本所指的，是A（傳統儒家）不利於C（近代資本主義）；而這些學者所聲稱的，是B（通俗儒家）有利於D（經濟發展）。他們完全沒有跟韋伯爭辯到底A是否確實不利於C？他們只是搬出了一個韋伯從未提到過的B，聲稱其有利於韋伯從未否定的D；然後有人竟因此就糊裡糊塗地說，韋伯錯了，他對儒家的斷言被推翻了。

　　在這種沒有對話交集的情況下，吾人實難以想像，金耀基如何能高調地宣稱，韋伯「對儒家倫理之有害經濟發展的假設」已經「受到了嚴厲的考驗」，甚至構成了「最大的挑戰」。當然，並

不是此一論述的所有學者都像金耀基這樣犯錯走調[8]，但類似的論調卻在現今的學界中經常此起彼落，似乎東亞的經濟奇蹟已經在這些學者的論述下將韋伯的斷言推翻了。這實在是嚴重的錯置與膨脹。

二、切割策略下已死的儒家如何重生呢？

釐清了議題本質與論證的訴求途徑後，吾人可以進一步來檢視這些學者的論述是否成立。雖然其對於韋伯斷言既沒有遭遇，也不構成真正威脅，但其中牽涉的內容，對於儒家倫理在經濟上的意涵仍是值得深思的。尤其，當此一論述已經蔚為風潮、廣受接納後，檢討它是否站得住腳就更具意義和重要性了。

試問，在中華帝國崩潰後的現代新境中，確實存在著一種這些學者所謂的通俗儒家嗎？而此一聲稱表現在百姓日常生活中的倫理，又是否可以作為解釋東亞經濟奇蹟的文化因素呢？

初聞之下，這套論述其實是令人張目結舌、驚訝不已的！因為自清中葉以來，歷經五四的全面反傳統、中共的批孔與文革，乃公認為儒家有史以來最衰微的階段。而在此花果飄零的窘狀下，竟然會有人聲稱存在著一種旺盛的、有別於傳統意義的通俗儒家，並且它還支配了當前歷史的巨大經濟現象！

如此令人錯愕與震撼的宣告，可想而知地會讓許多人難以接

---

8 即使金耀基自己也說道，「後期儒家命題」即使被證實，它也並不能視為對韋伯原初命題的根本否定。但這番話指的卻是資本主義的「產生」與資本主義的「採用」是不同的二回事（1992：153）。對於韋伯有關儒家倫理不利於近代資本主義的斷言，金耀基還是從東亞經濟奇蹟認為韋伯錯了。

受。或許，正是為了緩和此一錯愕與震撼，這些學者採取了一種切割的說詞，即一方面承認傳統儒家在近代中國已經花果飄零的事實；另一方面則轉個彎，聲稱自己所主張的是另一種儒家，它不是已經枯萎的過去那一種了，而是在帝制解放後的新生產物。

這種切割無疑是一種極高明的策略。它讓這些學者可以在主張通俗儒家為東亞經濟奇蹟背後的文化因素之際，同時又在經驗事實面上符合儒家在近代中國的衰敗命運。更重要的是，它讓這些學者可以毫無羈絆、充分自由地裝填所謂通俗儒家的內涵。一來是從來沒有人用過此一概念；再則它又不是已經死掉的那種傳統儒家，因此，它的內涵就由這些學者自己決定了。即使孔孟荀、朱熹或任何大儒的論述，都因為屬於帝制解放前的傳統儒家，而可以相當程度地被暫放一邊。

但問題是，這樣的切割衍生了後續理論開展的矛盾。因為，如果確如這些學者所聲稱的，傳統意義的儒家已死了，「在東亞地區的華人社會中都不存在」了，那還能憑藉什麼基礎、根據什麼標準，來主張通俗儒家不僅存在，還充滿著支配東亞經濟的巨大活力呢？譬如，傳統意義的儒家有著濃厚的家族意識，而如果它在東亞地區的華人社會中已經不存在了，那在當前發現的親屬高度連結的經營方式和家族企業，是從哪裡冒出來的呢？還可以說是屬於儒家倫理嗎？它不是已經死掉了嗎？

再譬如，忠君思想是帝制儒家的核心意涵，而如果它在東亞地區的華人社會中已死，那在當前發現的對企業委身的忠誠，憑什麼還可以認定依舊是儒家的倫理呢？還有集體主義，以及對功名科舉和教育的熱中等等，都是如此。如果它們作為傳統儒家的主要內涵，確實都已經不復存在了，那該如何在基礎都已經掏空

的情況下，來認定和證成它們正是東亞經濟奇蹟背後帶有極大活力的文化因素呢？

　　顯然這些學者聲稱傳統意義的儒家已死是自我矛盾的。正確而言，儒家無論是抽象義理或實踐倫理的內涵，就其傳統意義與現代新生之間，根本是無法一刀兩斷予以切割的。這些學者沒有選擇地必須宣稱，東亞經濟中親屬高度連結的經營方式和家族企業，反映的正是傳統儒家濃厚的家族意識。而華人對企業委身的忠誠，也正是傳統儒家裡「忠」的精神表現。再者，東亞華人對教育的重視，以及對組織紀律的服從，同樣是傳統儒家的歷史遺緒。

　　從表面上看，這似乎只是定義、語病或表達上的小問題而已。只要改用其他諸如「轉化」之類的語詞來代替「已死」或「不存在」等的概念，或許困擾就可以解決了。但事實上並沒有這麼單純。因為若改用轉化之類的語詞，這些學者所期待的分割效果就變弱了。更關鍵的是，即使能夠如此，他們都還得解釋，到底在帝制解放後的現代新境中，存在著什麼樣的因素或機制，使得一個已經潰敗、甚至進入棺材的傳統儒家，不僅能夠重生，而且還充滿了活力，支配著整個東亞華人地區的經濟？這個問題必須被嚴肅面對。到底是什麼樣的「普洛米修斯」之火，讓氣若游絲的傳統儒家竟能轉化為生氣勃勃的通俗儒家？遺憾的是，這些學者在提出高明的切割策略之際，始終完全沒有給出何以能轉化和復活的答案。

三、有經驗性的「動機研究」為基礎嗎？

　　那麼退一步而言，若提不出何以能轉化和復活的答案，至少

給個通俗儒家確實存在、並深刻支配著東亞經濟奇蹟的證據吧！
很遺憾地，上述學者在此方面同樣讓人大失所望。

通俗儒家的論述經常被詬病的是，它想要模仿韋伯的經典之
作《新教倫理與資本主義的精神》，從而對應地提出儒家倫理來
作為解釋東亞經濟奇蹟的文化因素。但韋伯的論證奠基在極大量
堅實的經驗性史學材料上，前述的余英時在申言《中國近世宗教
倫理與商人精神》時也是如此。而主張通俗儒家的學者對於東亞
企業家及人們的經濟行為，卻缺乏最起碼的（遑論有分量的）經
驗性「動機研究」[9]。在如此的情況下就聲稱通俗儒家不僅存在，還
是東亞經濟奇蹟背後的文化因素，這只能是一個高度不可靠的猜
測罷了！楊君實說得好，「就連八十年前韋伯所做的工作，也還
沒有人去進行」。

> 事實上，如果去收集有關目前台灣企業家宗教信仰的統計資
> 料，至少可以作為一個可資憑藉的出發點，使人知道究竟是
> 「儒家倫理」，「媽祖倫理」還是「新教倫理」影響了這些企
> 業家的行為（楊君實，1987：257）。

余英時曾因此拒絕「直接參加社會學家關於現代儒家倫理的討
論」。因為許多「關於儒家倫理和華人地區經濟發展的討論主要
都是一些推測之辭」。他相信，「無論是接受或否定韋伯的理論，

9　特別要說明的是，時下所謂的「經驗性研究」已經被窄化為只是問卷或訪談之
　　類的實證調查。事實上，韋伯和余英時所談到的「經驗性」是廣義的，包括了
　　實證調查以及史學材料，尤其偏重後者。筆者使用經驗性一詞也是如此。

我們最後都不能不訴諸經驗性的證據」（1987a：60，169）。

學者這樣的批評和堅持是有道理的。因為它直接涉及了韋伯建構「新教倫理」時所採用的方法學，就是所謂的「理念類型」（ideal-type）。它既是以特殊的歷史經驗為對象，又具有抽象的普遍意義；它雖是主觀投射的一種心智建構，卻以客觀的歷史經驗作為主觀建構的材料。而當這些作為建構基礎的材料發生某種程度的改變時，其原先所建構的理念類型也要隨而修正更新了。新教倫理作為一種理念類型的建構是如此，通俗儒家的建構又何嘗可以跳過經驗材料，任憑想像臆測呢？

那些聲稱通俗儒家存在並深刻支配東亞經濟奇蹟的學者，無可避免地得先針對東亞企業家及人們的經濟行為，做出經驗性的「動機研究」，也就是去理解他們在投資、經營和理財等相關經濟行為的內在企圖和誘因。無論是史料性質的探索，或實證性的調查與訪談，都是不可或缺的。借用韋伯的話來說，就是去理解其基本心理動機的整個「推斷演繹」過程（"deductions" from fundamental psychological motives）（Weber, 1968: 496）。如此才能判斷是否東亞經濟奇蹟的背後存在著一種可以稱之為通俗儒家的文化因素。

缺乏了此一經驗性的「動機研究」為基礎，儘管金耀基等學者如何高調地聲稱儒學在現代不死，只是轉變了形式，改以日常生活的倫理，繼續全面支配著現代人的思想與行為。在韋伯看來，這恐怕也不過是先知式的宗教語言罷了！

四、如何辨識區別是否屬於儒家的倫理？

最後，一個更大的難題是，即使累積了豐富的經驗性「動機

研究」成果，又該如何辨識區別所發現的內在企圖和誘因，到底是儒家倫理、佛教倫理，還是民間宗教如媽祖的倫理，或者，其實是日據文化的遺留，或晚近西方傳入的文化內涵呢？

就以勤勞節儉為例，為什麼它可以歸類為通俗儒家的內涵呢？雖然余英時在前述的論證中一再指出這是新儒家的倫理，但它何嘗不也是源自於中國人長久以來的貧窮和精耕農業的模式？更啟人疑竇的是，在義理上，勤勞節儉從未曾是儒家與眾不同的特質；佛教肯定比儒家更強調勤勞節儉，再加上佛教在台灣的龐大勢力，為何不能將之歸類為佛教倫理呢？

再者，通俗儒家所強調的紀律順從，若歸類為潛藏在專制文化下的法家因子，其實並不為過。再佐證以現實的面向，它恐怕更多是東亞國家長期威權政體影響下的產物。有趣的是，在許多聲稱儒家可以開出民主的學者中，不是經常強調儒家具有自由主義的精神，而將紀律服從歸諸於政治化的腐儒嗎？試問，儒家是什麼？經常在許多答案中，吾人看見的是隨風轉舵、各取所需。

另一個明顯的例證，是金耀基所謂香港人對家族傳統的功利主義。他信誓旦旦地根據了一些頗為邊緣的經驗性研究，斷言存在著一種「工具理性主義的儒學」或所謂的「理性傳統主義」，並且它正是促進香港經濟成功發展的一個「重要和有利的文化因素」。當然它「已不再是韋伯所了解的那種儒學傳統」了（1992：165-166，154），金耀基改稱之為「社會性儒學」。而它的基本特質，是「人們不必是以感情上去珍愛那些所謂傳統文化內在的價值，傳統之所以被選擇地保留，是由於它們在追求經濟目標的時候，顯示了它們有外在的有用價值」（1992：159）。他說道：

> 中國傳統不再被視為一種內在的、神聖的、美好的東西而為
> 人所擁抱，而是基於工具的、實用的考慮，並作為一種文化
> 資源而為人們選擇利用。……人們追隨傳統，但他們絕不是
> 傳統主義者，維持和依從儒家傳統是因為它可以服務於現實
> 的經濟目的（1992：165）。

　　金耀基特別談到的是偏愛親私關係的家族主義。他指陳，在
香港的中國企業主和經理人確實在雇用上偏愛親私關係，但親私
關係在這種情況下只是「被視為一種手段和工具來利用，因為雇
主覺得親屬比其他人更值得信任」。「因此，親私關係至今仍然在
香港存在，主要是由於它已是為了經濟目的而被善於運用的一種
『文化資源』」（1992：163）。

　　對此，吾人姑且不談金耀基賴以斷言的經驗性研究有多薄
弱；也暫時不去質疑他有何根據而可以聲稱，在雇用上偏愛親私
關係是「促進香港經濟成功發展的一個重要因素」[10]。筆者首先不
解的是，為什麼它被歸類為所謂的「社會性儒學」而不是傳統儒
學？中國人不是老早就廣為利用親屬關係（攀親引戚），來撒開
一張得以升官發財的社會網絡嗎？傳統上，中國人的現實主義是
名聞遐邇的，親屬關係老早就被當作是一項可以服務於經濟和社
會地位的「資源」。而在古老漫長的中國歷史裡，雇主之所以偏

---

10 金耀基在此有嚴重的跳躍。他所根據的經驗研究只說明了若干香港的小工廠
　　存在著雇用上的親私關係。但這對於香港的經濟發展是利或弊，又影響到什
　　麼程度呢？這是需要進一步研究和證據的。金耀基不能沒有進一步的研究和
　　證據，就直接推論說它所反映出來的「工具理性主義的儒學」正是「促使香
　　港成為成功的新型工業社會重要和有利的文化因素」。

愛親私關係，原因本來就是很濃厚地覺得親屬比其他人更值得信任。這哪是在香港因著新的文化條件而發展出來的新的「社會性儒學」呢？

　　退一步來說，即使親私關係在傳統中國裡純粹被視為一種「內在的、神聖的、美好的東西」來擁抱和委身，那麼，當它如金耀基所說，已經徹底被當作是「一種手段和工具來利用」時，這其實正證明了工具理性主義乃歷史中真正的支配與主導力量。因此，金耀基不就應該以工具理性主義去解釋香港的經濟發展嗎？怎麼會去訴諸一個處於被利用和被轉化地位的儒家呢？正確地說，他所聲稱的「工具理性主義的儒學」，在其中，工具理性主義是支配與主導的，而儒學則是被俘虜、被挾持的。

　　衡諸歷史，伴隨西力而來的工具理性主義在當代征服的並不只是儒學，它還席捲了許多傳統的倫理、宗教和文化。吾人不能贊同的是，在解釋支配與主導東亞歷史的巨大力量時，為何竟捨棄了最旺盛強大的主角——工具理性主義，而硬是冠上那些已經喪失自主力量、處於被改造命運的倫理、宗教和文化為招牌？

　　從上述諸多的討論中可以發現，「通俗儒家」此一概念像極了一個殘餘變項（residue variable）。學者們根據各自的理論旨趣，各取所需來加以詮釋。它一方面不受其他概念脈絡的約束和限制，因為從來沒有別人使用過這個概念；另一方面，它又早已透過切割，聲明了自己不是傳統意義上的儒家。再者，對於它的內涵，以及是否存在的經驗證據，也被刻意放到一邊了。於是，舉凡那些想當然耳、似乎對經濟發展有利的文化特質，諸如勤勞節儉、紀律服從、忠誠委身、家族主義、工具理性、重視教育等，都被裝填在這個概念裡了。

　　而反過來，傳統儒家中那些似乎對經濟發展不利的文化因素，諸如「萬般皆下品、唯有讀書高」的士大夫觀念[11]，裙帶關係下的公私不分、感情不中立，信任感無法超越家族範圍（Fukuyama著，2004：38-40，83，87-121），缺乏未來取向的時間觀念（Lawrence著，2003：421，426），官僚習性的員工心態和作風，墨守成規、不鼓勵創新的八股式教育，以及道德主義下對利潤極大化的排拒等（葉仁昌，2006：490-496），則在不經意中被這些學者從「通俗儒家」此一概念中排除了。排除之後，這些看起來似乎不利於經濟發展的文化特質，在帝制解放後的現代中國新境中，當然也全都不見了。它們既不曾獲得新生，活躍為老百姓日常生活中的倫理；而即使有，也一副與儒家無關的樣子。

　　歸結這些學者一個關鍵的謬誤，在於沒有能理解到，表現在社會大眾日常生活中的想法與行為，通常是各種政治、經濟、社會與文化和不同思潮交錯下的綜合體，而且它們經常是以弔詭的（paradoxical）形式互相連結的，既不適合直接歸類為某一思想體系的內涵，也難以斷定其對政治、經濟或社會發展的利弊得失。

---

11 許多論者指出，光宗耀祖之類的家族因素是華人致力於經商的重要動機。但陳其南卻指出，其中存在有一種矛盾性。因為按照儒家倫理，光宗耀祖只能透過諸如科舉致仕的手段來完成，而不是經商。但反過來，經商致富又是供養學子求學致仕的有效手段。陳其南並不贊成家族倫理是啟動資本主義的機制（1988：139-140，141-142）。張維安對明清兩淮鹽商的實證研究完全證實了這一點。一方面，鹽商的下一代比其他人擁有更大的機會進入士紳階層，另一方面，鹽商通常並不滿足於經濟上的富裕，而常鼓勵下一代子弟走向科舉考試，以改變劣等於士大夫的社會地位。張維安指出，這種「商而優則仕，影響了其朝向經濟領域的繼續累積」。久而久之，「許多商人便不再以經商為職志，而是以經商作為走向宦途之踏腳石」（1990：57-59）。

尤其在全球化與多元主義盛行的現代社會，不同文明之間的涵化（acculturation）十分複雜糾結。吾人可以肯定東亞經濟發展的背後確實有文化因素作為重要助力，但它絕對難以斷言就是所謂的通俗儒家。它必然是不同文明成分互相交錯下形成的某種綜合體。

當然，此一綜合體有儒家倫理的成分，但又絕非儒家倫理所可以涵蓋。姑且不談日本、南韓及新加坡的情形[12]，就以台灣而論，它應該還包括了不同程度的佛教倫理、威權文化、屬於小傳統的民間習俗與觀念，以及大量的西方文化等成分。更重要的是，此一綜合體有許多與儒家相關的成分甚至是不利於經濟發展的。譬如前述的「萬般皆下品、唯有讀書高」的士大夫觀念，裙帶關係下的公私不分、感情不中立，信任感無法超越家族範圍，缺乏未來取向的時間觀念，官僚習性的員工心態和作風，墨守成規、不鼓勵創新的八股式教育，以及道德主義下對利潤極大化的排拒等。

類似的謬誤是經常發生的。譬如在 2012 年，大陸知名作家韓寒曾以〈太平洋的風〉，讚揚台灣保留了中華文化的優良素養。之後，赴大陸進行新書巡迴發表的台灣導演吳念真卻反駁說，台灣人的溫文有禮，無關中華文化。他說，這是一個社會發展到一定階段後，民眾就會具備的基本素養。韓寒所犯的謬誤同樣是沒有理解到，表現在社會大眾日常生活中的想法與行為，通常是各

---

12 筆者對於這些學者將東亞歸類為儒家文化區，也難以接受。它明顯地過度化約，嚴重忽略了此一地區在文化上的複雜性與辯證關係。即使儒家能否獨斷地代表中國文化，從嚴謹的學術而言都充滿爭議；若還要說成是整個東亞文化的代表，恐怕日韓學者都會提出抗議。此一論調所反映的，毋寧仍是一種傳統以來視其他文化為蠻夷的「儒家中心主義」。

種政治、經濟、社會與文化和不同思潮交錯下的綜合體，而且是以弔詭的形式互相連結的，並不適合直接歸類為中華文化的優良素養。至於吳念真的說法，直接訴諸發展階段論，同樣是過於簡單化的，忽略了在台灣此一綜合體的裡面恐怕難以排除還是具有中華文化的成分。

小結：韋伯有錯，但仍站在那裡！

　　回顧整個第一章的討論，對於以余英時為代表的訴諸儒家內在超越性的義理，其對韋伯斷言的挑戰只能算是有限度的修正。韋伯的第一個盲點，在於未能發現儒家的整個理性倫理始終是以天為最後基礎的；也就是說，儒家絕對存在著「彼岸」，不是只有此世。這是立仁道於天道，而非以仁道取代了天道。第二個盲點，則在於他錯誤地以為既然沒有超俗世的上帝，就不會存在著批判現世傳統與因襲所需要的緊張性。事實上，新儒家在上帝之外呈現了另一種特殊的「彼岸」，它同樣開展出了若干緊張性與批判力量。

　　但韋伯沒有錯的是，諸如上帝或天之類的超越意識，在中國一再遭逢世俗與人文化的挑戰和命運；而這種轉化愈成功，確實愈容易衍生出一種結果，就是無從形塑出與王權和傳統之間的緊張性，並從中解放並發展出經濟理性主義的力量。即使新儒家在上帝之外呈現了另一種內在式的特殊「彼岸」，在本質上也同樣是如此。到頭來，天理不過是此世人倫的形上翻版，而人倫的核心在落實上所根據的又終究是聖君、家族、典籍等傳統，以及由這些傳統所抽象演繹出來的情和理。再加上儒家的超越性所採取

的是內省自覺的路徑，即自己雖是嫌疑犯，卻同時是主持控訴的檢察官，還是最後宣判裁決的法官。而在自我保存的人性驅迫下，其所能呈現的緊張性和批判力量，恐怕確實是相當有限的。

　　對韋伯來說，儒家終究因缺乏真正的超越面相而屬於「此世制欲」。一方面，它透過傳統的典籍和因襲的道德制約來自我實現，追求的是功名、財富、聖賢人格以及教養階層地位之類的現世目標。謀求財富與經濟上的成功，絕對不會是倫理上的召喚與責任。另一方面，它也部分解釋了何以傳統中國始終欠缺近代資本主義所需的經濟理性主義——傳統中國的法律與行政機關未能如韋伯所指稱的理性化，反倒是充斥著不利於經濟的「傳統型支配」；傳統中國又兼以濃厚的親族和傳統主義，導致了企業精神的喪失，而賴以實現利潤極大化所需的科層體制及其理性紀律也同樣受到了限制。

　　至於立基於東亞經濟成就而展開的反韋伯之論。事實上雙方根本沒有真正的遭遇和交鋒。而在中華帝國崩潰後的現代新境中，是否存在著所謂的通俗儒家？又是否可以作為解釋東亞經濟奇蹟的文化因素呢？一來是論者在切割策略下沒有解釋到底在帝制解放後的現代新境中，存在著什麼樣的因素或機制，使得氣若游絲的傳統儒家竟能轉化為生氣勃勃的通俗儒家？二來是對於通俗儒家是否確實存在並深刻促進著東亞經濟奇蹟，論者也缺乏對東亞企業家及人們的經濟行為做出足夠的經驗性「動機研究」。最後，即使累積了豐富的研究成果，又該如何辨識區別所發現的內在企圖和誘因是否確實屬於儒家的倫理呢？

　　整個來說，可見的是通俗儒家徹底地被當作成一個殘餘變項，舉凡那些似乎對經濟發展有利的文化特質都被裝填了進去；

而那些可能與儒家相關、卻不利於經濟發展的文化特質，則在帝制解放後的現代中國新境中好像全都不見了。它們既不曾獲得新生，活躍為老百姓日常生活中的倫理；而即使有，也一副與儒家無關的樣子。歸結這些學者一個關鍵的謬誤，在於沒有理解到，表現在社會大眾日常生活中的想法與行為，通常為各種政治、經濟、社會與文化和不同思潮交錯下的綜合體，而且它們經常是以弔詭的形式互相連結的，既不適合直接歸類為某一思想體系的內涵，也難以斷定其對政治、經濟或社會發展的利弊得失。

　　當然，上述兩種對韋伯斷言的質疑和論述，它們的不成功並非就證明了韋伯的正確。而迄今，如何解釋東亞經濟奇蹟背後的文化因素，仍未解決。在這一章有關經濟倫理的儒家與韋伯對話中，筆者所達成的，不過是檢討並排除了若干偏見而已，至於韋伯的斷言呢？經歷了一陣陣的強風後，晃了幾下，似乎還屹立在那裡！

第二章

財富思想的對話：
無限利潤心？

楔子

　　對於韋伯有關儒家不利於近代資本主義的斷言，吾人在前一章「經濟倫理的對話」中，已經討論了兩種主要的質疑。但這樣來處理韋伯的斷言還是不夠的。其中有一個重大環節必須填補上去。

　　無論是余英時的內在超越說，或立基於東亞經濟成就的通俗儒家論，都完全忽略了經濟倫理中不可或缺、甚至最直接的要素——財富思想；也就是儒家對於財富的基本態度，究竟是予以肯定或拒斥呢？相關的前提或條件又是什麼？可以接受大富嗎？擁有財富的合理範圍為何？

　　事實上，韋伯自己在此一方面的論述不多；在立場上既曖昧、又矛盾，更有許多盲點。他雖然明確指出儒家欠缺了「利潤無限心」，而這正是近代資本主義賴以發展的重大關鍵。但遺憾的是，韋伯的論證並未訴諸儒家財富思想此一最直接的證據，而是轉了一個彎，基於儒家與清教徒在「制慾精神」上的差異比較。

　　或許，筆者可以在本章填補上這樣一個重大缺憾，也藉以從另一個角度——儒家的財富思想——去批判檢證韋伯所謂儒家欠缺利潤無限的觀念是否正確。

　　這就是接下來要探討的「儒家與韋伯」的第二個對話：財富思想的對話。

前言：經濟倫理的一個遺漏

　　在今天這樣一個幾乎是由經濟所支配的時代裡，對於韋伯有關儒家不利於近代資本主義的斷言，實在是關心儒學現代性的人所面對的頭號課題。在前一章「經濟倫理的對話」中，吾人已經討論了兩種主要的質疑。但僅僅只是如此來處理韋伯的斷言還是不夠的。其中有一個重大環節必須填補上去。

　　在前章的探索之際，筆者驚訝地發現，無論是余英時的內在超越說，或立基於東亞經濟成就的通俗儒家論，都完全忽略了經濟倫理中不可或缺、甚至最直接的要素——財富思想；也就是儒家對於財富的基本態度，究竟是予以肯定或拒斥呢？相關的前提或條件又是什麼？可以接受大富嗎？擁有財富的合理範圍為何？

　　這種缺漏不免給人一種喧賓奪主的偏失。對於經濟倫理的探討，固然可以擴及整個哲思和文化的相關內涵，諸如內在超越性、勤勞節儉、重視教育、紀律順從、家族傳統以及集體主義等，但人們對於財富的基本態度，絕對是直接相關、不可或缺的。

　　韋伯自己對於儒家財富思想的討論也不多，可能所知有限。他一再從「君子不器」的觀念，指出儒家作為一個教養身分階層，往往不屑於投入經濟與財政的專業。因為「心靈的平靜與和諧會被營利的風險所動搖」，而「奠基於通才或自我完成上的儒教美德，比起因某一方面的貫通而得來的富裕，要來得崇高」（Weber著，1989a：225-226）。尤其是擔任官職以後，更必須拒斥營利行為，因為「這被認為是道德上的曖昧不明，並且與其個人的身分地位不相符」（1989a：223-224）。

但韋伯卻又矛盾地認為，「儒教與儒教徒的心態，崇拜財富，……沒有任何其他的文明國家會把物質的福利作為終極的目標而抬得這麼高」（1989a：304）。「財富對於一種有道德（亦即有尊嚴）的生活，與對於將自己獻身於自我完成的能力而言，是個最重要的手段」（1989a：313）。在另外一處地方，他又說道，儒教「與所有基督教派公認一致的看法形成尖銳對比的是，物質財富在倫理上並不被認為是一個首要的誘惑之源（不過當然也承認有種種的誘惑）。財富實際上被看作是足以提升道德的最重要手段」（1989a：212）。

從這些話可以發現，對於儒家的財富思想，韋伯的論述是零散而片段的；並且在理解和立場上既曖昧、又矛盾，更有許多盲點。他雖然明確指出儒家欠缺「利潤無限心」，而這正是近代資本主義賴以發展的重大關鍵。但遺憾的是，其論證並非訴諸儒家財富思想此一最直接的證據，而是轉了一個彎，基於儒家與清教徒在「制慾精神」上的差異比較。

這毋寧是一個不小的遺憾，吾人必須填補上去。而這樣去做的一個重大意義，是可藉由另一個角度——財富思想而非制慾精神——去批判檢證韋伯所謂儒家欠缺近代資本主義所必須的無限利潤心是否正確。透過這樣的途徑，吾人或許可以另闢新徑地挑戰到韋伯斷言，當然，其結果也有可能會是異曲同工地支持了韋伯斷言。

由於篇幅與能力所限，本章的討論範圍將局限於先秦儒家，並兼論及兩漢的司馬遷、董仲舒和《鹽鐵論》的相關內容。雖然此一範圍的局限性，使得這裡不可能呈現出儒家財富思想的全貌，但至少可以說，它們已經形成儒家財富思想的主要內涵、甚

至是基本論調了。以下，筆者將從先秦儒家如何看待貧窮著手，析論貧窮是否為美德的條件？進而探討其對財富追求的肯定是否有雙重標準？士君子可以求富嗎？並由此開展出另一層次的討論，即儒家的道德主義如何凌駕於財富之上？而一種中庸式的小康論，其具體的衡量標準在哪裡？又如何構成儒家階層秩序理念的一環？

壹、貧窮不是美德的條件

關於財富思想的一個討論起點，可以是思想人物如何看待貧窮此一狀態。其主要意義在於，它可以反映出思想人物是否在本質上就鄙視財富——將財富視為生命超越與昇華的某種障礙，或將無產當作是某種社會方案的必要條件？可以理解的是，如果財富被視為個人或社會的罪惡，則貧窮自然成為一種可欲的狀態、甚或目標。隨而，經濟成長的訴求與企圖也將受到約限，所謂的近代資本主義在理論上當然無從衍生。

觀之西方財富思想的歷史，都曾一再出現主張貧窮的論調，甚至還在歷史中的若干階段蔚為影響深遠的洪流。典型者如希臘的犬儒主義（Cynicism），他們追求成為一個像狗一樣過著簡單生活的哲人（dogman）。相信只有德行是唯一的需要、也是完全的滿足。這有賴於某種不役於物的生活方式，財富因而成為美德在實踐上的障礙[1]。中世紀著名的修士聖方濟（St. Francis）更是一

---

1 犬儒主義寧可作一個流浪的窮人，以大自然為家，以野味或討乞為生。談到食物，他們說，路邊充滿了可以食用的植物和水泉；當然也不需要有自己的廚

例。他不斷提到錢財如糞土，應該逃避錢財就像逃避魔鬼一樣。他相信，貧窮可以使人特別親近上帝。基督的信徒應該為了基督的緣故而成為最貧窮的人，並且以貧窮為自己的配偶和最大的財富[2]。再者，如宗教改革家馬丁路德，甚至有一種意味，貧窮反而代表著上帝的寵愛與賜福。他對信徒宣告說：

> 錢財是世界上最微末的東西，是上帝恩賜中最小的。它和上帝的道相比，算得什麼呢？它和我們身體上的恩賜，如美麗和健康等相比，算得什麼呢？它和我們的理智和稟賦……相比，又算得什麼呢？……因此，上帝通常是把錢財給那些得不到他屬靈恩賜的人（Luther, 1959: 307）。

此外，摩爾（T. More）也同樣是屬於低度評價財富、甚至將財富視為罪惡的代表性思想人物。他在《烏托邦》（*Utopia*）一書中，透過書中主角拉斐爾（Raphael），闡發了鄙視財富的強烈刻劃。他說：

> 拉斐爾到一個小島上，發現那裡的人用金銀做便壺和其他污穢的容器……用金銀做綑綁奴隸的腳鐐和手銬……罪犯的耳

房，因為可以跟冶金的人借火。至於衣服，只要有一件長袖就夠了，夏天將袖子摺起，冬天則放下來（Bury et.al., 1923: 84）。

2 聖方濟從開始宗教生活一直到逝世，他所有的只是褲子、罩袍、繫衣服的繩子，此外別無他物。曾有人求他救濟，他就解開袍子，褪下褲子送給對方，直到自己一無所有。

朵戴金耳環、手指帶金戒指、頭上戴金冠。在各方面，他們都以穿戴金銀為咒詛……珍珠與鑽石……他們加以琢磨，用來取悅小孩童。孩童以這些裝飾華麗的東西為喜悅與自豪，但是年長以後，自然會丟掉它們，而且當作華麗而無用的玩意兒……相對的，島上的人覺得很奇怪，竟然有人在看到星辰與太陽後，還那麼陶醉於小寶石的微弱閃光；竟然有人渴望穿著毛織品的衣服，來抬高自己的身分；竟然有人對無用金子的評價，超過人對自身的評價；他們尤其驚訝的是，有些人並不欠富人什麼債，或是對他們有什麼恐懼，卻對富人恭維備至（More, 1949: 44-46）。

先秦儒家在這一點上卻迥然不同。它幾乎完全沒有鄙視財富或以貧窮為美德條件的思想。孟子的養民論是最明顯而強烈的證據。在當時普遍追求富國強兵的功利主義下，他高亢地訴諸人道主義、為民請命，要求統治者在追求富強的同時必須「制民之產」，讓百姓「仰足以事父母，俯足以畜妻子，樂歲終身飽，凶年免於死亡」（孟子·梁惠王上）。他並且宣稱，這其實是霸業的真正基礎——只要能夠妥善照顧人民的生計，「然而不王者未之有也」（孟子·公孫丑上）！

孟子在此一方面的主張是具體而微、毫不空泛的。他為了讓百姓富裕，不只規劃出國君養民的目標，「不違農時……數罟不入洿池……斧斤以時入山林……使民養生喪死無憾」；「五畝之宅，樹之以桑，五十者可以衣帛矣。雞豚狗彘之畜，無失其時，七十者可以食肉矣……黎民不肌不寒」（孟子·梁惠王上）。孟子還提出了稅制改革意見，以節省人民的負擔。除了鼓吹井田制度下

的「助耕公田者不稅」以及「什一田賦」外[3]，還主張「市，廛而不征，法而不廛……關，譏而不征……廛無夫里之布」[4]（孟子‧公孫丑上）。對孟子來說，這些讓百姓富庶的措施，甚至是國君賴以一統天下的最關鍵憑藉。

更特別的是，不只追求富強應當如此，孟子更將養民放在儒家所最重視的道德教化之前。明顯地，處在貧窮線以下的人們，往往難以保有自覺的尊嚴，而自我尊嚴感正是道德實踐所不可或缺的心理狀態。甚至，因為迫於眼前的基本匱乏和生存威脅，以致鋌而走險、作姦犯科。據此，孟子也同樣強調，在溫飽的前提下才易於進一步將百姓「驅而之善」（孟子‧梁惠王上）。相反地，若「惟救死而恐不贍，奚暇治禮義哉」（孟子‧梁惠王上）？顯見，對孟子而言，貧窮不僅不是美德的條件，還會導致寡廉鮮恥，成為美德的障礙。而養民既是統治者的仁政，更是人民賴以進一步

---

3 從表面上看，由於井田制度是公私並耕的方式，因此似乎意味著孟子反對土地的私有化。但事實上，孟子對井田制度的嚮往，強烈地出於其中蘊含了公私之間彼此體恤、上下交讓、互相存問的家族式溫情與倫理。對孟子而言，這充分表達了以真血緣關係為模型，而擴張為天下式之假血緣聯繫的理念。但另一方面，同樣重要地，在井田制度下，農民已經助耕公田了，其「私」田的出產物不必再繳稅，可盡歸己有。這對農民無疑是很好的照顧，可以讓他們至少在基本生活上不虞匱乏。對於當時現實情況中什一田賦的演變，孟子唯一不同調之處，僅僅是他希望將之局限於城邦中來施行；至於新開墾的野地，則應該納入傳統的井田制，此即「野九一而助，國中什一使自賦」。但無論是採行井田制度下的「耕者，助而不稅」，或是分田制祿下的什一田賦，孟子的著眼點，始終都是為了養民與富民（侯家駒，1985：141-142）。

4 此處「廛」指的是農工商者所居的房地（士大夫等所居則稱為「里」）；或是政府所建，供商人存儲貨物的房舍。在市區中，前者有所謂的市宅稅；後者也須以「布」（當時的錢幣）繳納貨倉稅。

實踐美德的物質基礎。

　　值得一提的是，孟子雖然在性善方面的主張比較接近柏拉圖（Plato）的理型論，但在財富的立場上，卻類似於亞里斯多德（Aristotle）。柏拉圖要求統治階層應遠離黃金和白銀，主張一種將權力予以「消毒」和去私的無產思想（Durant, 1926: 43）。但在亞里斯多德看來，貧窮反而會導致美德的喪失。試問，若囊袋羞澀，將何以培養慈善、慷慨與好客的美德？亞里斯多德雖然也反對財富的「積聚」（accumulation），卻堅稱美德的一部分即是如何有意義地使用金錢[5]。

　　孟子上述的主張，固然非常類似於管子的「倉廩實則知禮義，衣食足則知榮辱」（管子・牧民）。但究其淵源，恐怕還是來自於孔子。孟子只是更急切而具體罷了！孔子多次要求「節用而愛人，使民以時」（論語・學而）和「時使薄斂」（中庸・第十九章），顯然就是注意到了貧窮問題。他甚至對魯哀公說，「政之急者，莫大乎使民富且壽也」（孔子家語・賢君，卷三）。而對於經濟富足與道德教化之間，孔子的立場更是毫不模糊。所謂「富之，既富，乃教之也。此治國之本也」（說苑・建本）。又說，「既富矣，又何加焉，曰，教之」（論語・子路）。這些都顯示出，孔子絕無以貧窮為美德條件的論調，更是將民生富足視為教化的物質基礎。

　　至於荀子，或許因為與孟子同樣處在民生嚴重危機的戰國時

5　亞里斯多德相信，"Property is both an ethical good and a potential evil."這已經跟柏拉圖很不一樣了（Nelson, 1982: 61）。又主張有私產才能培養慈善、濟助朋友、賓客等美德。像柏拉圖那樣一元化的國家，根本沒有慷慨可言（Aristotle, 1957: 61-62）。

期，故而對經濟富足的主張也顯得強烈。他首先肯定欲望與物質
需求是「人之情」，即「食欲有芻豢，衣欲有文繡，行欲有輿
馬」，甚至希冀能累積財富，這就是「又欲夫餘財蓄積之富也」
（荀子・榮辱）。既然如此，統治的原理就應當予以順應和滿足。荀
子在批評墨子與宋銒的治國之道時，所提出的就是如此的主張。
他相信，賞罰之所以有其效用，正緣因於人性中對欲望滿足的必
要，而此乃自古皆然的統治原理。

> 人之情為欲多而不欲寡，故賞以富厚，而罰以殺損也，是百
> 王之所同也。故上賢祿天下，中賢祿一國，下賢祿田邑，愿
> 愨之民完衣食（荀子・正論）。

循此而論，善政當然需先讓百姓擁有財富。所謂「不富無以養民
情，……故家五畝宅，百畝田，務其業而勿奪其時，所以富之
也」（荀子・大略）。

對於荀子和孟子而言，他們都面臨戰國時代下的一個共同社
會問題，就是統治階層透過各種名目的課徵和重稅來遂行聚斂[6]，
導致百姓陷入嚴重的貧窮窘境，甚至丟棄田產，淪為豪門的奴僕
式佃農，或遠走他鄉、逃亡山林（杜正勝，1987：379-380，411-
413）。誠所謂的「君之民老弱轉乎溝壑，壯者散而之四方者，幾

---

6 原本在封建城邦時期只徵收十分之一稅，但各國到了春秋晚期紛紛加重。魯國
　公已收十分之二，猶嫌不足。齊景公更離譜，高達百分之六十六以上（左傳・
　昭公三年）。進入戰國後，隨著軍費所需，稅率又不斷提高，可能是十分之
　四。此外，還有反映在民生日用品上的間接稅。

千人矣」（孟子・梁惠王下）。因此，荀子也同樣提出了稅制改革的問題，他說，「王者之等賦政事，財萬物，所以養萬民也。田野什一，關市幾而不征，山林澤梁以時禁發而不稅」（荀子・王制）。他並且警告統治者，「取民者安，聚斂者亡。故王者富民，霸者富士，僅存之國富大夫，亡國富筐篋、實府庫」（荀子・王制）。荀子還有一段話，更表達了藏富於民的理念[7]。

> 故天子不言多少，諸侯不言利害，大夫不言得喪，士不通貨財。有國之君不息牛羊，錯質之臣不息雞豚，冢卿不脩幣，大夫不為場園。從士以上皆羞利而不與民爭業，樂分施而恥積臧（荀子・大略）。

對很多人來說，荀子這番話似乎耳熟能詳，但從財富思想來看，卻有其非常重要的意義。因為，他在此將一個國家府庫的富裕，與人民家產的富裕予以對照化了；並且聲稱，真正可以讓國家長治久安的是「富民」，而不是「富筐篋、實府庫」。此一主張在影響上頗為深遠。為了清楚闡釋荀子有關藏富於民的思想，吾人有必要進一步探討後來《鹽鐵論》中有關財經政策的辯論。當時的文學賢良就曾提出一種將「富民」與「富國」加以對立化的觀點，來反駁桑弘羊將錢幣以及鹽鐵收歸國家經營的立場。他們

---

7 在《韓詩外傳》的卷四中，有一段話與此極為類似，「士不言通財貨，不賈於道。故馴馬之家，不持雞豚之息，伐冰之家，不圖牛羊之入，千乘之君，不通貨財，冢卿不脩幣施，大夫不為場圃，委積之臣，不貪市井之利。是以貧窮有所懼，而孤寡有所措手足也。」

聲稱：

> 民人藏於家，諸侯藏於國，天子藏於海內。故民人以垣牆為
> 藏閉，天子以四海為匣匱。……是以王者不畜聚，下藏於
> 民。遠浮利，務民之義（鹽鐵論，卷一，禁耕第五）。

這種藏富於民的訴求，不只反駁了桑弘羊所謂國富可以帶來民富的論調，更也拒斥了以官僚為主導的國家資本主義。

但是否儒家也在某種意義上選擇了西方古典自由主義中的「利益調和論」呢？即認定作為一個整體的「社會利益」是空洞的，所謂的社會利益，不過是一個社會中個人利益的加總（Bentham, 1967: 126）。從一方面來說，答案是肯定的，因為儒家相信，國家富裕的真諦就是各個百姓的富裕，而每一個人民的富裕，加總起來就是所謂的國家富裕。但從另一方面來說，答案又是否定的。因為，儒家缺乏古典自由主義中對市場供需平衡法則的信念，更未能對亞當史密斯（Adam Smith）所最主張的──人的自利心──予以完整的支持。

不過，對於排除國家各種名目的課徵和重稅、聚斂與剝削，並肯定對於個人財富的追求，兩者的立場卻是頗為相似的。他們都相信，「富筐篋、實府庫」的那種國富，與藏富於民的那種民富無法並存、甚至互相消長。就譬如後來的《鹽鐵論》中所指陳的情形，漢武帝假借治安、社稷和市場等理由來消滅當時若干的私人資本家[8]，卻創造了統治者與官僚階層成為新階級。他們「擴

---

8 桑弘羊認為自己的財經政策是為了打擊資本家，特別是鹽鐵的官賣以及統一錢

公法、申私利、跨山澤、擅官市……執國家之柄以行海內……威重於六卿，富累於陶衛」。原來，「權利深者，不在山海在朝廷；一家害百家，在蕭牆而不在胸邪」（鹽鐵論，卷二，刺權第九）。文學賢良們嘲諷由官僚主導的國家資本主義，「猶食毒肉愉飽而罹其咎也」（鹽鐵論，卷二，非鞅第七），就是吃有毒的肉來充飢。它最後的結果是導致了人民更加貧窮[9]。

令人驚訝的是，儒家在此對於國家資本主義的批判，正符合了韋伯對於「傳統型支配」的若干觀點。韋伯相信，傳統型支配並不利於經濟發展，其中的一個原因，就是重要的利潤之門，譬如各種規費、雜稅，甚至重要的民生物資等，幾乎都掌握在支配者及其行政幹部手中[10]。此外，官僚在管理執行上的一般性格也限制了理性經濟行為。他們一方面缺乏正式專業的訓練；另一方面，所秉持的傳統主義也對理性規則造成嚴重的障礙。既無效

幣。因為，鑄錢、煉鐵或是製鹽都是民生大宗，一旦被私人壟斷，後果不堪設想。他們不僅會控制市場，很可能還成為惡霸。小者壓榨老百姓，大則威脅社稷（鹽鐵論，卷一，復古第六）。

9 儒家在批評桑弘羊的財富重分配之說時即指出，「今欲損有餘補不足，富者愈富，貧者愈貧矣」（鹽鐵論，卷三，輕重第十四）！

10 中國至少在戰國以前的情形就是如此。貴族對於商業活動的發展有一定的干預能力。譬如在《左傳・昭公十六年》中就有一個例子，鄭國商人出售貴重的玉環給晉國大夫韓起，都還得徵求領主——鄭子產——的同意。即使韓起已經拿到玉環了，商人仍然說必須告訴「君大夫」才算真正成交。瞿同祖也指出，春秋時代的「商賈只是貴族的私人，為貴族到各處去尋求奇物巧貨。只是以貨易貨的原始交易，不能名之為商業經濟。商人絕不能富敵諸侯，而相抗禮」（瞿同祖，1938：336-337；李劍農，1981：76-77）。可以說，當時的商人「大多是附屬於官府的執事人員」（馮爾康等編著，1988：53）。

率，更充滿了賄賂及貪污[11]（Weber著，1996：52-57）。韋伯的此一分析，正說明了儒家提出「富民」的概念來對抗「富國」的背景。

　　歸納而言，從上述對孟子、孔子與荀子的討論，顯見他們並沒有鄙視財富或以貧窮為美德條件的思想。不僅如此，貧窮更會因為自我尊嚴感的喪失而導致道德教化的困難。據此，先秦儒家不僅肯定了欲望滿足的必要性，更也肯定了追求財富是欲望滿足的其中一個必要手段。而若是以這樣的立論應用在今日社會，吾人可以斷言，儒家倫理用來支援經濟發展是可以有其「種籽」的。並且更重要地，雖然缺乏對自利心的肯定，儒家的此一支援仍純粹建立在個人所得上，而不是國家整體經濟的發達，或政府與國庫的富裕，也就是所謂的民富而非國富。

貳、士君子同樣可以求富

　　進一步地，對於儒家的財富思想，還有另一種與此相關的主要論調，即聲稱儒家的立場是兩軌並行的，即一般人可以求富，而士人或所謂的君子則應當「志於道」，並且以貧窮為樂。似乎，對於孔子來說，士君子經由對「道」的委身與實踐，所獲得的滿足感不僅優位於物質與財貨的豐富，更也可以完全超越貧窮所致的匱乏與窘境。所謂「飯疏食飲水，曲肱而枕之，樂亦在其

---

11 令人驚訝的是，韋伯在考察中國的時候竟然也指出，先秦時期有「經濟政策卻沒有創造出資本主義的經濟心態。戰國時代的商人的貨幣利得，實際上可說是國家御用商人的政治利得」（Weber著，1989a：305）。韋伯對中國的了解，不可謂不深。

中矣」（論語・述而）。相反地，對於那些聲稱「志於道」，卻熱中於土地、田產和華宅，或「恥惡衣惡食者」，孔子更是不屑並予以非議（論語・里仁；論語・憲問）。至於孟子，則更是說「無恆產而有恆心者，惟士為能」（孟子・梁惠王上）。如此一來，先秦儒家對於士君子，似乎根本就是主張效法顏回「一簞食，一瓢飲，在陋巷」（論語・雍也）的貧窮了。

荀子在此一方面的言論更完整而有代表性。他在分析禮義的起源與功能時，特別著眼於經濟資源的分配。他相信，禮義的效用與目的，是為了追求經濟資源分配的最佳化，即讓最大多數人在有限資源下獲得最大可能的滿足。這正是所謂的「使欲必不窮乎物，物必不屈於欲，兩者相持而長，是禮之所起也。故禮者養也」（荀子・禮論）。荀子更指出，禮義的功效是「兩得」，若任乎情性，則是「兩喪」。

> 孰知夫出死要節之所以養生也，孰知夫出費用之所以養財也，孰知夫恭敬辭讓之所以養安也，孰知夫禮義文理之所以養情也。故人苟生之為見，若者必死；苟利之為見，若者必害；苟怠惰偷懦之為安，若者必危；苟情悅之為樂，若者必滅。故人之一於禮義，則兩得之矣；一之於情性，則兩喪之矣（荀子・禮論）。

荀子藉此表達出，欲望的滿足固然不能脫離財富，而人們也總是企求更大的滿足，「食欲有芻豢，衣欲有文繡，行欲有輿焉，又欲夫餘財蓄積之富」。但更關鍵的養欲之道，卻是經由道德性的禮而予以節制和超越。

　　荀子相信，以道制欲、以禮養欲，正是士君子的責任與歷史使命。「君子樂得其道，小人樂得其欲。以道制欲，則樂而不亂；以欲忘道，則惑而不樂」（荀子・樂論）。「志意修則驕富貴……內省而外物輕矣。傳曰：『君子役物，小人役於物。』此之謂矣」（荀子・修身）。

　　無可否認地，荀子的這些論述確實予人一種強烈的印象，認為士君子應該過簡樸的生活、甚至是追求貧窮。只要「心平愉」，則「色不及傭而可以養目，聲不及傭而可以養耳，蔬食菜羹而可以養口，麤布之衣、麤紃之履，而可以養體，局室蘆簾槀蓐尚機筵而可以養形」（荀子・正名）。至於士君子以外的一般人，則既然「樂得其欲」，自可在合理範圍內追求財富。

　　但此一兩軌並行的財富觀，確實是先秦儒家的真正立場嗎？在回答這個問題以前，吾人必須指出，即使此一論調是正確的，也無法否定前述儒家財富思想得以支援經濟發展的面向。它只是限制了士人階層對經濟活動的投入；至於一般人，既然可以求富，投入經濟活動以獲取利潤就是理所當然了。

　　究實而言，兩軌並行之說恐怕值得商榷。從社會背景來說，當時的游士階層，在流品上是參差不齊的。荀子曾描繪他們，「汙漫者也，賊亂者也，恣睢者也，貪利者也，觸抵者也，無禮義而唯權勢之嗜者也……利心無足而佯無欲者也」（荀子・非十二子）。面對此種景況，先秦儒家有一種非常特別的期許，就是試圖以德能來轉化他們，成為「弘毅」與「尚志」的君子階層[12]。

12「士不可不弘毅，任重而道遠」（論語・泰伯）；「王子墊問曰：『士何事？』孟子曰：『尚志』」（孟子・盡心上）。

　　固然，這樣的期許有可能導致一種發展，就是壓抑了士人階層追求更多財富的動機或企圖心。但這並不是必然結果，更不能說是儒家根本主張君子應該貧窮。相反地，在一個理想的階層秩序下，基於祿隨位、位隨德的原則，士君子最應當享有豐厚的社會報酬（葉仁昌，1996：254）。

　　事實上，先秦儒家所表露的還是在任何情況下「道」都重於「富」的基本心態，反對為了追求財富而犧牲「道」。用荀子的話來說，就是「上君子不為貧窮怠乎道」（荀子・修身）。儒家在這裡所真正堅持者，是無論富足或貧困，道德的修養與實踐都有絕對的主體地位[13]。

　　這種「主體性」的訴求有一個特點，即它不是在反對或否定某一事物或對象，而只是主張相對於該事物或對象的優位性。同樣地，儒家也不是在反對或否定財富本身，而只是主張道德在相對上的優越。它真正的解釋應該是說，在富裕時要好禮，而貧窮時要固陋[14]。士君子的際遇可能是富貴顯達，也可能貧困潦倒。若是顯達，要「泰而不驕」、「無眾寡，無小大，無敢慢」[15]（論語・堯曰），並樂善好施[16]；但若是潦倒，則要效法顏回，即使在最惡劣

13　必須說明的是，雖然先秦儒家所謂的「道」並不能完全等於「道德」，但細究到底，「道德」還是「道」此一概念最主要和核心的內涵。至少在本文的使用上，並無特別予以區分的必要。

14　孔子曾回答子貢，「貧而無諂，富而無驕」雖可也，但「未若貧而樂，富而好禮者也」（論語・學而）。

15　「君子泰而不驕，小人驕而不泰」（論語・子路）。有時則謂之「富而無驕」（論語・憲問）。

16　「古之所謂仕士者，厚敦者也，合群者也，樂富貴者也，樂分施者也，遠罪過者也，務事理者也，羞獨富者也」（荀子・非十二子）。「從士以上皆羞利而

的物質條件下，仍充分體現道德光輝（杜維明，1989：172）；萬萬不可「窮斯濫矣」（論語・衛靈公）！

　　考諸孔子、孟子與荀子的一生，他們都曾付出了漫長歲月、甚至風塵僕僕地透過顯達的追求以自我實現，何嘗像戴奧基尼斯（Diogenes）、伊比鳩魯（Epicurus）或是聖方濟那樣去追求野放與貧窮？事實上，自孔子以來的儒家教育理念，就是培養一批士君子以德致位。借用錢穆的概念來說，儒家這樣的「上傾性」始終是頗為濃厚的（錢穆，1976：66），絕非一如墨家那樣，代表著身分卑賤的貧民或野人，並過著縮衣節食、枯槁不舍的生活。只是政治的境況往往荒謬扭曲，無法實現儒家「賢者在位，能者在職」的期望[17]（孟子・公孫丑上）。當然，從一個最理想的情況來期待，孟子和子貢都可以算是成功的例子。孟子享有「稷下先生」的尊貴地位，並經常「後車數十乘，從者數百人，以傳食於諸侯」（孟子・滕文公下）。子貢則「結駟連騎，束帛之幣，以聘享諸侯」，並不斷地藉此財富優勢，來宣揚儒學[18]。但是，富貴畢竟是生命中可遇而不可求的偶然，唯一能夠掌握的只有自己的內在心性。面對仕海與窮達的浮沉，儒家選擇了立根於人格和心志的因應哲學，就是志於道。用孟子精采的話來說，即「士窮不失義，

　　不與民爭業，樂分施而恥積藏」（荀子・大略）。

17　「尊賢使能，俊傑在位，則天下之士皆悅，而願立於其朝矣。」荀子也說過類似的話，「論德而定次，量能而授官，皆使其人載其事，而各得其宜。上賢使之為三公，次賢使之為諸侯，下賢使之為大夫」（荀子・君道）。

18　「七十子之徒，賜最為饒益。原憲不厭糟糠，匿於窮巷；子貢結駟連騎，束帛之幣，以聘享諸侯；所至，國君無不分庭與之抗禮。夫使孔子之名揚於天下者，子貢先後之也。此所謂得勢而益彰者乎」（史記・貨殖列傳）！

達不離道……得志，澤加於民；不得志，修身見於世。窮則獨善其身，達則兼善天下」（孟子·盡心上）。

當然，吾人可以更深入地探問，對於財富與道德之間，為什麼儒家採取一種前述的「主體性」訴求？而不是在泛道德主義下全面壓制財富的追求呢？顯然，戴奧基尼斯、伊比鳩魯或是聖方濟等人都選擇了後者，但對於先秦儒家，關鍵的原因在於貧窮從來沒有被當作美德的條件、甚至還是一種障礙。而既然如此，就無須為志於道而排拒財富或主張貧窮了。這個回答似乎有若干套套邏輯的意味，但確是先秦儒家的思考理路。

歸結而論，不僅一般人可以求富，即使是士君子也可以求富。作為一個志於道的士君子，貧窮可能是一種經常的際遇，它必須被面對並在心靈層次上超越，但絕對不是將貧窮當作追求的目標，或視為實現生命志節的前提條件。儒家只是強烈地提醒，或貧或富，士君子的使命與自我理解，始終只有一個真正的挑戰點，就是「道」而已！

叁、道德對財富的主體性

進一步地，「道」相對於財富，若要展現其絕對的主體地位，具體的規範又為何呢？除了前述所說的「泰而不驕」、窮而固陋，「窮不失義、達不離道」之外，先秦儒家還提出了兩方面的重點。第一、是致富的手段。無論財富或顯達的獲取，都必須得之以道。孔子即曾說，「不義而富且貴，於我如浮雲」；「富與貴，是人之所欲也；不以其道得之，不處也」（論語·述而；里仁）。孔子在這裡表明了手段正當性的重要。孟子也曾經辯護，

說自己的富泰都乃得之以道。若「非其道，則一簞食不可受於人；如其道，則舜受堯之天下，不以為泰」（孟子・滕文公下）。事實上，不僅是對於富貴的追求，即使是窮人為謀求基本的餐宿，也必須在合乎道德的前提下取得。

　　先秦儒家的此一訴求是易於理解的，毋庸贅言。比較特殊而重要的是第二方面的規範，即擁有財富的合理數量。簡單來說，即使得之以道的財富，儒家也從道德主義的角度要求限制其數量。所謂「富而可求也，雖執鞭之士，吾亦為之。如不可求，從吾所好」（論語・述而）。從表面上來看，這番話與財富的數量無關，反而是高度肯定了對財富的追求。但事實上，執鞭之士只擁有如中產一般的財富[19]，絕非如許多大地主與富商階層。對儒家來說，兩者主要的差別之一，是後者具有奢華和墮落的財富能力。

　　當冉有為季孫氏聚斂財富時，孔子也非常不滿，宣稱「非吾徒也，小子鳴鼓而攻之，可也」。孔子的強烈反應，固然一部分的原因可能是財富聚斂的手段問題，但更也牽涉到財富的合理數量。因為「季氏富於周公」，而冉求卻仍「附益之」（論語・先進）。或許對孔子而言，一個社會的財富總量是有限的，季孫氏過於龐大的資產，不僅造成了窮人嚴重的生計威脅，更也扭曲了

---

19 「執鞭之士」指的是馬車夫或市場的守門人。從封建體制來看，他們當然是低賤的職業，但從事實上的所得來說，他們的收入可能並不薄，也因為如此，孔子才會以他們為例來說明「富而可求」——只要手段正當，即使職業低賤也無妨。本文描述他們「擁有如中產一般的財富」純粹是指所得而言，並非指他們所屬的社會階層。但必須提醒的是，對於「執鞭之士」真正的所得多寡，筆者並沒有來自經濟史研究的直接證據，純粹是很主觀地從孔子文意所作的臆測，未必正確。

社會分配的正義。

　　有關先秦儒家社會分配的正義觀，容後再述。在此，要先行指出的是，儒家對於財富合理數量的要求出於一個基本心態，即認定所謂的「大富」，就是擁有許多民生必需品以外的「無用之物」，而它們總是導致奢華、人格與心性墮落的源頭[20]。難怪「磐庚萃居；舜藏黃金」，為了就是抑制欲望高漲（鹽鐵論，卷一，本議）。

　　這種對「大富」的排拒心理也導致了儒家選擇抑商[21]。當然，儒家的抑商是出於多方面的考慮。譬如，農業有實質的生產，為基本民生命脈，而商業相對的只是坐享其成的交易而已。此外，農民因依附土地而易於管理、並有高度的國家忠忱，而商人則無祖國，並經常流動、難以管理。再者，商人的性格多狡詐且功利取向、而農民則純樸善良。但不可忽略地，對於經商所創造的巨大財富，儒家始終顧慮會間接促成一個驕暴的社會。屆時，人心在功利主義和物欲橫流的情況下，將難以避免淪入腐化驕恣。

　　儒家這樣的道德顧慮，相較於前述對於追求財富的肯定以及視貧窮為美德的障礙，吾人可以發現，存在著一種心理上的掙扎矛盾。他們一方面希望人民能夠富足，至少樂歲終身飽；但另一方面，又顧慮過度的滿足會帶來道德腐敗。在光譜的一個極端，

---

20 西漢的董仲舒曾經說道，「大富則驕，大貧則憂。憂則為盜，驕則為暴。此眾人之情也」（春秋繁露・度制）。這樣的思想可以視為源自先秦儒家的對財富態度的張本。

21 必須說明的是，儒家並非排斥一切的商業形式。「通鬱滯」還是可以被接受的，就是調節多餘的生產。但如果要交易民生必需品以外的「無用之物」，或是以經營及操作市場、並努力擴張市場為專業的商業形式，儒家則予以反對。

是飢寒起盜心；另一個極端，則是飽食思淫慾。脫離貧窮會有提升道德的效果，但它的邊際效用卻往往遞減。因此，儒家寧可取其中道、選擇小康論，既不至於因飢餓而寡廉鮮恥，也不至於因富足而腐化驕恣。

循此而論，從先秦以迄兩漢，儒家顯然欠缺利潤無限——近代資本主義的一個重大要素——的觀念[22]。回顧那些基於東亞經濟成就而聲稱儒家倫理可以支援近代資本主義的論調，他們熱情地討論儒家的勤勞節儉、重視教育、紀律順從、家族傳統以及集體主義等，卻在最基礎的本質上，忽略儒家根本反對財富的享用化、不斷累積，以及利潤的極度擴張。

衡諸西方近代資本主義的發展，亞當史密斯說得好，許多富有的商人「依照天生自私且貪婪的個性」所追求的，只是「他們的虛榮與無法滿足的欲望」；「我們期待的晚餐並非出於肉販、釀酒人或麵包師傅的善心，而是出於他們對自身利益的關心。我們不是跟他們的仁慈，而是跟他們的自私打交道」。但亞當史密斯相信，即使如此，自私和貪婪仍受到「一隻不可見的手」所引導來「增進全社會的利益」（Sen著，2001：302）。

---

22 根據楊慶堃（C.K. Yang）的歸納，韋伯所謂的近代資本主義精神有兩項基本特點。其一、「追求金錢的活動本身就是目的，並非達到其他目的的手段。」其二、「利潤的賺取是永無止盡的，既不受生活水準之需求的限制，也不受限於傳統的滿足感受」（Weber著，1989a：29）。固然，利潤無限的觀念並不足以解釋近代資本主義的動機全貌。誠如沈恩（Amartya Sen）所說的，「資本主義是建立在比純粹利潤極大化動機還要複雜的動機結構上」（2001：310）。但問題是，利潤極大化此一觀念的被普遍接受，卻是從傳統經濟邁向近代資本主義過程中最不可或缺的突破。它雖然不是近代資本主義發展的充分條件，卻是必要條件。

　　儒家的困難或許就在這裡。雖然他們肯定欲望滿足的必要性，甚至也肯定財富的追求為欲望滿足的其中一個必要手段，但是對於自私、自利和貪婪，儒家卻未能給予完整的支持。事實上，對於欲望滿足的必要性以及基本財富的肯定，儒家也從未將之歸類為一種自私自利的行為。它們只是被當作維持生存尊嚴的基本需求。

　　吾人並不是說「利」這個概念已經完全被儒家所排斥。當然，孟子會是一個例外，他極端地厭惡言利。他不僅挑戰當時功利主義掛帥的統治階層，宣稱「何必曰利？何不曰仁義」（孟子·梁惠王上）？甚至，他還反對宋牼訴諸利弊得失的分析來反戰及勸和；也就是說，即使是不包括有自私自利意涵的「實用主義」，也都被孟子給排斥了。但對於孔子而言，利未必就是惡。他還是肯定人民在先王的恩澤下可以「樂其樂而利其利」（大學·第三章）。只是，這顯然並非個人自利心的追求結果，而是受惠於統治者的照顧！

　　李玉彬說儒家「重視民生公利而輕視個人私利的追求」（李玉彬，1982：138），這句話大致是可以接受的。當然，必須區別的是，這裡所謂的「民生公利」並非前文所言那種「富筐篋、實府庫」的「富國」，而「輕視個人私利」也未與「養民」或「富民」矛盾。養民或富民固然帶來了人民的利益，但它們更多有賴於統治者的照顧，也只是為了維持人民的生存基本尊嚴，儒家從未將此歸類為一種自利心。綜而言之，對於經濟發展與財富，儒家缺乏西方古典自由主義中對自利心的肯定，更也無法接受個人自利心的無限擴張可以增進全社會的利益。

　　韋伯在討論支配的類型時曾說道，傳統型支配對市場經濟發

展的誘因不大，因為它的經濟往往只是達成政治與社會穩定的一個必要條件。經濟目標通常只是維持自給自足。近代資本主義那種利潤無限擴大的觀念不僅不必要，而且還經常被當作一種道德上的罪惡。當然最主要的原因，是它在某種程度上威脅了支配者所代表的社會與政治的體制秩序（Weber 著，1996：52-53）。

而這是否正就是先秦儒家所期望或企圖的呢？從動機來說，其財富思想當然不是出於鞏固政治權力和既得利益的考慮，但雷同的是，先秦儒家也只是將經濟目標定位在自給自足，並拒斥利潤無限大的觀念。然而，先秦儒家的著眼點，卻更多是將之視為達成道德的一個必要條件，而非達成政治與社會穩定的一個必要條件。這是與韋伯不同之處。

侯家駒是少數探討儒家經濟思想的學者，但他卻聲稱，先秦儒家在庶、富、教三部曲中，實以富為樞紐；它更是可以促進當前經濟發展，或支援近代資本主義的自由經濟理念（侯家駒，1985：262，266-271，389，400-406）。然而，在吾人看來，先秦儒家只是在秩序崩解與民生凋敝的現實景況下，從基本欲望滿足的必要性，呼籲統治階層要養民與富民，而這與商業經濟下的富裕追求是截然不同的，絕不可混為一談。讓人民在統治者的照顧下脫離貧窮是一回事，而個人基於自利心追求大富大貴則是另一回事。

雖然先秦儒家對財富的基本肯定可以視為支援經濟發展的種籽，甚至視為有利於近代資本主義的因素，但此一種籽和因素卻在道德主義的壓縮下，並不被允許長成枝葉茂盛的巍峨大樹。儒家所期望的，只是以不虞匱乏為目標的中庸式經濟發展。

更重要地，即使只是有限財富的小康論，也強烈地將之定位

在手段層次。也就是說，它只是幫助人們邁向道德目標的一種前提條件與狀態。雖然一般人可以求富、士君子也可以求富，但也始終同時堅持，道德相對於財富的優先地位與主體性。正確來說，先秦儒家根本沒有獨立的經濟發展理論，經濟發展只是隸屬於道德理論中的一個子題。而此一子題的意義，在於為道德主題的實踐提供所需要的前提條件與狀態。吾人甚至可以說，正是道德目標的實踐賦予了經濟發展真正的意義。

綜上所述，「道」相對於財富，除了「泰而不驕」、窮而固陋，「窮不失義、達不離道」之外，還可以在兩方面展現其絕對的主體地位。其一、在致富的手段上必須得之以道。其二、大富是一種在道德上導致腐化驕恣的危險。因此，個人可擁有的財富數量必須是有其限度。

肆、中庸式的財富階層說

那麼，再深入一步，先秦儒家對於財富的合理範圍，其具體的尺度又為何呢？他們一方面反對貧窮，另一方面又拒斥大富，而這是一種怎樣的中庸式財富思想呢？

這其實不是一個簡單的問題。它絕對不是俗話所說的「夠用就好」或是「不多不少」。許多人還想當然耳地認為，儒家在此一方面的真意，就是維持基本生活所需的財富數量。至於基本必需品以外者，則被當作是無用之物，必須予以排斥抑制。

深究之下，此一解說並不算錯，但恐怕過於簡單化。儒家絕對不是只在追求貧窮與大富之間的中間點，或只是以民生必需品來衡量。關鍵的原因在於，每個人的生活條件和需要有高度差

異。譬如，作為一位教授，其生活必需品就顯然與工人和農民截然不同。他可能需要購買大量的書籍、寬敞的書桌、並藉由旅行和藝術等文化消費來培養視野與見識。而這些文化消費對工人或農民來說，卻可能是屬於無用之物。此外，由於社會的變遷，生活必需品的界定也經常日新月異。譬如汽車，在過去是有錢人的享受，現在則可能是代步的必備工具。因此，一種屬於絕對值的財富中間點，既不存在，也沒有意義。

　　先秦儒家對此似乎頗有了悟。故而，他們跳越了量化的尺度，將財富的合理範圍，睿智地界定在社會階層的等級線上。也就是說，個人可擁有的財富應該要與自己所屬的階層地位相稱，而非只是考慮能否維持基本生活所需。譬如，若只是一個庶民或農人，或許只要有鍋碗瓢盆、農具、瓦屋和溫暖的衣服也就夠了；但士君子則還要有能力支應必要的禮儀和文化開銷。固然對於平民而言，它們都不是生活必需品；但對於士君子，為扮演其在階層秩序中的角色，它們卻是不可或缺的。

　　在財富思想上，儒家和墨家相同的是，對於當時王公貴族與富商地主的「炫耀性消費」都予以拒斥，但對於「文化性消費」，儒家卻是唯獨予以高度的肯定和堅持。當然，在此一方面的花用，還是有其消費限度的，更有具體的依循標準——特別是對孔子而言，周禮舊制就是一個很重要的參考依據。過或不及，都是社會功能與個人價值上的缺憾。

　　先秦儒家在這一點上可以說深受封建舊制所影響。原本，封建制度就已經將整個社會的人口予以階層化了[23]。包括有國人與野

---

23 封建制度的真正意義，經常被誤解為只是封土而已，其實封人的特質是更具

人、君子與小人、公侯伯子男、君卿大夫士庶人，以及皁輿隸僕臺圉牧等的劃分。並且，至少在戰國以前的封建城邦時代，舉凡雕鏤、文章、黼黻、宮室、車旗、服飾、器用以及飲食等，都必須與所屬的階層地位相稱，呈現出屬於差序格局的封建紀律。對此，孔子一方面讚賞其中的高度穩定與整合功能，因為，強制性的武力手段已不再必要，更透過角色與規範的確定，大幅減少了社會矛盾與衝突。另一方面，如此階層化的價值分配，正就是一種廣義的社會報酬。孔子發現，只要將「德」和「能」設計為獲取高社會位置所需要的絕對條件，那麼，它就可以用來作為人人嚮往作君子而棄小人的社會誘因。

　　簡單來說，就是要讓有賢德又有能力的君子居社會高位，而居高位者又享有令人稱羨的社會報酬。前一部分即是荀子所謂的「尚賢使能」[24]，「論德而定次，量能而授官」（荀子・君道）。孟子也同樣說道，「賢者在位，能者在職」；「尊賢使能，俊傑在位」（孟子・公孫丑上）。至於後一部分，則譬如是君主，「不美不飾之不足以一民也；不富不厚之不足以管下也」。「故必將撞大鐘，擊鳴鼓，吹笙竽，彈琴瑟，以塞其耳；必將雕琢刻鏤，黼黻文章，以塞其目；必將芻豢稻粱，五味芬芳，以塞其口」（荀子・富國）。

　　荀子這番話所著眼的就是「明貴賤」，希冀以社會報酬的差異性來鼓舞社會成員往上爬升。所謂「士大夫益爵，官人益秩，

　　意義的（許倬雲，1993，147-151）。

24「上好禮義，尚賢使能，無貪利之心。則下亦將綦辭讓，致忠信而謹於臣矣」（荀子・君道）。有時則用「論德使能」一詞，「人主者，以官人為能者也。……論德使能而官施之者，聖王之道也，儒之所謹守也」（荀子・王霸）。

庶人益祿；是以為善者勸，為不善者沮」（荀子‧彊國）。其中的意涵即在於此。從社會階層理論來說，先秦儒家這樣的立論是言之成理的。社會成員對於高社會位置的追求，及其所需條件的肯定與偏好，通常會隨著價值不平等分配的嚴格明確與差異性而增強。也就是說：

> 在一般不太離譜的情況下，社會報酬的分配，若是愈嚴格明確與不平等，則人們追求高社會位置的企圖心就愈旺盛，情況也愈普遍；而對於獲致高社會位置所需要的條件，也愈趨之若鶩地，成為許多人生涯中的優先選擇。相反地，若是社會所呈現的價值秩序，無法清楚分明，或是社會報酬紊亂，則人們即使是對奮鬥爬升的目標，都會感到徬徨茫然，更遑論旺盛的企圖心與社會進步的動力了（葉仁昌，1996：106）。

儒家就是應用了這樣的原理，將財富的合理範圍界定在社會階層的等級線上。或者吾人可以說，儒家將富貴或貧賤的問題，當作是社會報酬體系的一部分來理解。它根本反映了儒家對理想社會的模型，絕非僅僅是對財富的一種見解而已！這其中所反映的是，財富作為一種社會報酬，其意義已經不只是滿足個人或家庭的需用了，它更是一個社會工具，可以用來作為人人嚮往作君子而棄小人的社會誘因。儒家一方面要求社會報酬要按照社會位置等級予以相稱地分配。另一方面，社會位置等級又必須按照道德成就等級予以相稱地分配。歸納而言，即是荀子所說的「德必稱位，位必稱祿」（荀子‧富國）。

值得一提的是，只要這樣一個社會模型能夠實現，真正德能

兼備的君子恐怕是欲窮而不能了。孔子所謂的「邦有道，貧且賤焉恥也；邦無道，富且貴焉恥也」（論語‧泰伯）。其中就流露了此一意涵。因為，在政治清明的國家裡，既然是以德能的成就來獲取階層地位，而社會報酬又根據於階層地位來享有，那麼，貧且賤當然是一種在德能成就上的恥辱了。相反地，在政治污濁的時候，由於並未能實現祿隨位、位隨德，讓三者保持密切一致性與相稱的階層化原則，故而，富與貴反而證明了自己的悖道與不義。

　　事實上，在孟子所強烈嚮往的井田制度中，也同樣暗示了應按照社會階層來享有相稱的社會待遇（compensation）。按照孟子的理想，農民當自求溫飽，而志於道的卿士大夫，則理應在衣食上受到勞力者更高品質的服務。也就是說，勞心者的文明創造，理應建立在勞力者的生產供給上。這一方面是基於勞心者的稀少性，另一方面則是其所從事的文明與道德創造，對於整體社會而言是高度重要的。至於勞力者，雖然承擔了粗重的工作以及瑣雜事務，但他們卻是道德文明的受惠者。孟子因此說道，「天下有道，小德役大德，小賢役大賢」（孟子‧離婁上）。這不只意味著，在一個理想的社會中，勞力者應該伺候和服務勞心者，更也標示出了一個按照賢德而區分階層、再按照階層來分配待遇的社會原則。

　　當然，吾人可以從社會主義、平等或均富等的角度來批評此一階層化模型。事實上，當時的許行和墨子就一再地跟儒家唱反調。他們主張的是「均」與「同」，而儒家提出來的卻是「貴賤有等、長幼有差、貧富輕重皆有稱者也」的「別」，並視之為養天下之本（荀子‧富國）。循此，筆者要鄭重地指出，對於財富的

分配，先秦儒家堅決地反對齊頭式的均富，更也與平等主義背道而馳。他們強調的是，每個人因其不同的德能、社會角色與貢獻，來獲取差別的社會報酬，並享有不同貴賤輕重的生活方式。這不僅是基於勞心者的稀少性以及其角色的重要，他們更有一個企圖心，就是經由報酬分明之階層秩序的呈現，來鼓舞社會成員嚮往成為賢德的君子，或者是激發整個社會尚賢使能的風氣。

有人會反駁說，孔子所謂的「不患寡而患不均」（論語·季氏），不正就是明顯地均富思想嗎？蕭公權也認為，「裕足之標準，自孔子觀之似不在生產之絕對數量，而在分配之相對平均」（蕭公權，1977：61）。然而，按照朱熹的注解，其中的「寡」指的是「民少」，並非財貨或所得的稀少；「均」也不是指財貨或所得的平等，而是公卿大夫在統治上要各安其分，政理均平[25]。將之當作先秦儒家主張均富的理據，恐怕是有所誤解了。即使是所謂的「均無貧」（論語·季氏）之語，其重點也是體恤當時為數龐大的窮人，反對貧富差距過於懸殊。但這並不等同於追求均富的平等主義。對先秦儒家來說，財富分配的重大原則，始終是「別」而非「均」，只不過「別」又不可以走到差距過於懸殊的地步，尤其要讓社會底層有基本的溫飽。

無可否認地，先秦儒家積極地為窮人請命並控訴貧富懸殊。不只孟子控訴「庖有肥肉，廐有肥馬，民有飢色，野有餓莩」；「凶年饑歲，君之民，老弱轉乎溝壑……而君之倉廩實，府庫

---

25 朱熹的原文是「寡謂民少，貧謂財乏，均謂各得其分，安謂上下相安。……季氏據國而魯君無民，則不均矣。」侯家駒對此討論甚詳，堅稱此處的「均」指的是政教均平（1985：43-44）。

充」；「狗彘食人食而不知檢，塗有餓莩而不知發」[26]（孟子·梁惠王上）。荀子也同樣呼籲，「家五畝宅，百畝田，務其業而勿奪其時」（荀子·大略）。然而，這並不能據以直接聲稱儒家主張平等和均富。他們只是在戰亂的惡劣情況下，雅不欲見百姓在生計與基本尊嚴上嚴重匱乏。特別是對孟子而言，這其實是有無「不忍人之心」的人道考驗。

先秦儒家在此一方面的真義，其實，只是對階層理念下的差別待遇有所補償及調和。因為，若是將財富的合理範圍界定在社會階層的等級線上，其可能的弊病有兩方面，第一、是社會底層的待遇可能非常低落，喪失基本尊嚴、甚或無以維生；第二、則是階層之間的待遇差距過於懸殊，以致形成階層敵意，或叛亂與革命。如此一來，社會必然會問題叢生，更反而阻礙了整體性的進步。故而，儒家在主張一種以社會階層為依據的差別待遇時，也提出了對此差別待遇的補償及調和。即一方面要求必須提供社會底層基本的溫飽；另一方面，則反對階層化以後的差別待遇過於懸殊。它們都絕不能被當作是什麼主張平等和均富的思想。

前者是出於對社會底層的人道主義訴求，也發展出了儒家的養民和富民思想。用徐復觀的話來說，禮義之分雖是一種差別待遇，但「還有一個共同的基數以作一般人民生活的保障」（徐復觀，1982：458），也就是對平民百姓在生計與基本尊嚴上的照顧。而後者呢？則是出於避免階層衝突的社會和諧立場。用荀子的話來說，階層之間的差別待遇，其目的絕不是為求「淫泰夸麗」，

---

26 有關戰國時期貧富懸殊的嚴重情形，墨子也有激烈的批評（墨子·辭過；節用上）。

而是「將以明仁之文，通仁之順也」[27]。

> 故為之雕琢刻鏤黼黻文章，使足以辨貴賤而已，不求其觀；
> 為之鐘鼓管磬琴瑟竽笙，使足以辨吉凶合歡定和而已，不求
> 其餘；為之宮室臺榭，使足以避燥濕養德辨輕重而已，不求
> 其外（荀子・富國）。

小結：儒家欠缺無限利潤心

綜上所論，顯見儒家的財富思想是頗為豐富、精緻，並具有革命性的。首先，無論是對於百姓大眾或士君子，他們都沒有西方那種鄙視財富，或以貧窮為美德條件的主張，甚至，對於百姓大眾而言，貧窮還是美德的障礙。據此，儒家不僅肯定了欲望滿足的必要性，更也同時肯定了追求財富是欲望滿足的其中一個必要手段。更重要地，此一對財富的追求純粹建立在個人所得上，而不是國家整體經濟的發達，或政府與國庫的富裕。

但進一步地，這樣一個可以支援經濟發展甚或近代資本主義的種籽，卻在道德主義的壓縮下，並不被允許長成枝葉茂盛的巍峨大樹。因為，儒家強烈地要求展現出道德相對於財富的主體地位。除了窮不失義、達不離道外，也在致富的手段上要求得之以道，更認定大富是一種在道德上導致腐化驕恣的危險。因此，個

---

27 後來的董仲舒有類似的表達，可以更明白荀子的意思。「使富者足以示貴而不至於驕，貧者足以養生而不至於憂。以此為度而調均之，是以財不匱而上下相安易治也」（春秋繁露・度制）。

人可擁有的財富數量必須有其限度。

　　至此，吾人發現，儒家所期望的是以不虞匱乏為目標的小康。相對於道德的高尚，財富只是一種工具性的有限需要。人們不會被鼓勵去致富，或是將錢財當作熱中追求的目標。儒家並沒有獨立的經濟發展理念，經濟發展只是隸屬於道德理論中的一個子題，為了是提供更有利於實踐道德所需要的前提條件與狀態。甚至可以說，正是道德目標的實踐賦予了經濟發展真正的意義。

　　那麼，對於財富的合理範圍，其具體的衡量標準又在哪裡？如何才算是中庸呢？儒家參酌了封建舊制下的階層模型，跳越了量化的尺度以及簡單的基本需求論，睿智地將財富的合理範圍界定在社會階層的等級線上。這其中所反映的是，財富作為一種社會報酬，其意義並不只是滿足個人或家庭的需用而已，它更是一個社會工具，可以用來作為人人嚮往作君子而棄小人的社會誘因。故而，儒家由此建構了祿隨位、位隨德，讓三者保持密切一致性與相稱的理想社會模型。更可貴的是，在此一差別待遇的階層化體系中，仍然表現了其對社會底層的人道主義關懷，也為了避免階層衝突而主張差別待遇的和緩與中庸性。

　　整體而言，儒家的財富思想與其道德關懷之間，顯然是環環相扣，絲毫不被允許脫鉤。不只致富的手段、財富的合理數量，以及富貴後的人格特質，都受到道德主義的支配與規範；即使超越個人需用的層次而將財富當成一種社會工具，也是為了去實現一個天下歸仁的道德社會。

　　這樣的財富思想，對於經濟發展有什麼樣的影響呢？又可以如何解釋華人的經濟行為、乃至於整體的經濟型態呢？這得進一步探討，筆者在此並不擬繼續深究。

　　但至少此處已經從財富思想的角度，某種程度印證了韋伯的一個重大斷言，即儒家欠缺近代資本主義所必須的無限利潤心。儒家在人道關懷、財富與道德主義的張力中，選擇了中庸式的財富階層論。他們排拒大富，更要求各個人的財富不可以超過依「德能」來分配的社會階層。儒家從未鬆懈地將財富看守在道德主義之下，不可能像清教徒那樣，將賺錢視為倫理上的責任或召喚。

　　本章的分析與韋伯不同之處，在於對儒家欠缺無限利潤心的論證途徑。韋伯主要是訴諸儒家與清教徒在「制慾精神」上的差異比較，卻模糊了財富思想這樣一個最直接的證據。當然，韋伯並非完全無視於此，他一方面看到了儒家的道德主義，及其相對於財富的優越和主體性；另一方面，他也察覺到儒教徒在事實上的心態，財富被看作是足以提升道德的最重要手段。只是整體而言，韋伯在此一方面的論述是零散而片段的；既曖昧、又矛盾，更有許多盲點。尤其對於財富的合理範圍，也就是儒家基於道德主義對大富所存在的顧慮，以及中庸式的財富階層說，韋伯都未置一詞。或許，正就是這樣的疏漏，導致韋伯未能發現，只要從儒家的財富思想入手，就可以得出儒家缺乏無限利潤心的結論。無論如何，如今這樣一個遺憾，似乎已經由這一章的研究成果得到某種程度的填補了。

第三章

支配類型的對話：
道德型正當性

楔子

　　談過了經濟倫理和財富思想後，讓吾人暫別韋伯對於儒家不利於近代資本主義的斷言，轉移到統治領域來，檢視儒家可以怎樣與韋伯進行對話？

　　眾所周知地，韋伯曾很經典地提出「正當性」（legitimacy）概念，並區分了法制型（legal-rational）、傳統型（traditional）和卡理斯瑪（charismatic）三種支配（domination）類型。試問，儒家作為統治原理的一面，是否具有類似於韋伯的正當性觀念呢？而其在本質上所涵蘊的支配理論又為何？

　　此一提問絕非突兀而硬生生地將韋伯的框架套用在中國和儒家上。事實上，這是韋伯自己深感興趣、多次提及、卻未能清楚回答的問題。或許，筆者可以接續韋伯的提問，完成其未竟之業的若干部分。

　　這一方面可以使吾人對於儒家的統治理論有新的掌握與定位，並發現儒學與韋伯對於統治的共同智慧與差異見解。另一方面，則是對「韋伯學」中關於支配類型的實際參照、應用與批判。或許得以因此而呈現出若干對韋伯架構的修正和突破。事實上，筆者在本章中對第四種支配類型——道德型正當性——的試擬，正就是這樣的成果。

　　這就是接下來要探討的「儒家與韋伯」的第三個對話：支配類型的對話。

前言：以韋伯的架構為參照

韋伯曾清楚區分「權力」（power）與「權威」（authority）的不同。前者是行動者在一個社會關係中，可以排除抗拒以貫徹其意志的可能性（chance）。至於後者，又可稱之為「支配」，則是指一項特別內容的命令會得到特定人群服從的可能性（1993：91；1996：1）。韋伯更進一步提出了三種支配的「純粹類型」（pure types），即以理性為基礎的「法制型」、以傳統為基礎的「傳統型」，以及委身於某種神聖和超凡特質的「卡理斯瑪」型（1996：7）。

讓筆者和不少人好奇的是，傳統中國的儒學作為統治原理的一面，其所涵蘊的支配理論究竟傾向於那一種類型呢？這樣一個提問似乎很有意義、也頗具挑戰性。

衡諸目前國內外的有關學界，對於此一課題的研究仍頗為不足。除江宜樺與本文有類似概念外（江宜樺，2008：215），若干零星的討論，則經常將儒家定位成理性化的統治，或是以天命為基礎的卡理斯瑪型支配（石元康，1999：9，17-20），或視之為卡理斯瑪型支配的變型──「公民直選型領袖」（郭立民，1990：5）。

即使韋伯在有關中國的大量論述中，對於此一問題也是曖昧難明、甚或有若干誤解。他一方面聲稱，對儒教而言，「最終的裁判」在「透過經典的研讀所得到的古典規範與傳統的知識」（1989a：234），但另一方面，他卻又說，中國早就存在著「家產官僚體制」（patrimonial bureaucracy）了，它當然不是傳統型支配，並且是「與封建體制及任何以血緣世襲為基礎的身分結構相對立的」（1989a：207，211）。

　　那是理性化的法制型支配嗎？韋伯卻指出，若從「儒教對於經濟的態度」與「對於專家的排斥」（1989a：224-226），以及對於刑罰的消極傾向來說，都顯得與法制型支配格格不入。只是，相對於巫術與宗教，儒家有著高度的理性精神以及強烈的現世倫理，它「沒有以超俗世之神的名而揭示倫理『要求』的先知」。「中國人的『靈魂』沒有受過先知革命的洗禮，也沒有私下個別的『祈禱者』」（1989a：207）。並且，「其理性主義的高張程度，可說是處於我們可能稱之為一種『宗教』倫理的極端邊緣位置」（1989b：88）。

　　不過，矛盾的是，天子的權威卻又有如卡理斯瑪般地神聖，「中國也有『彌賽亞式』的渴望出現一位『此世的救世主皇帝』」（1989a：210）。「皇權本身即是個至高且經宗教性聖化的結構，……它超出民間所崇奉的眾神之上。皇帝個人的地位，……完全是基於他作為上天（其列祖列宗所居的上天）的委任者（『天子』）所具有的卡理斯瑪」（1989a：208）。

　　這些混亂的論述讓吾人陷入不小的困惑，絕對有釐清的必要。而釐清之後，應該有兩重的學術價值。它一方面可使吾人對於儒家的統治理論有新的掌握與定位，並發現儒學與韋伯對於統治的共同智慧與差異見解。另一方面，也是對「韋伯學」中關於支配類型的實際參照、應用與批判。或許，吾人得以因此而呈現出若干對韋伯架構的修正和突破。

　　但這無異於就是以韋伯有關支配的類型架構為參照工具，來探討儒家的統治理論了。從學術上的嚴謹而言，它似乎存在著若干爭議，包括有一個陷阱以及兩個可能的質疑。它們必須先一一被妥善地處理和回答，而後研究才能鋪陳下去。

　　先從陷阱來看。就如吾人在第一章中所談過的，按照韋伯的

用法，「純粹類型」乃是根據於研究者的理論旨趣（theoretical interest），從經驗材料中作出抽象後建構起來的一種「典型」。它不同於具「經驗——統計」性質的「平均類型」。後者只是處理那些性質相同、卻程度有所差異的行為；前者則充分掌握了行為的異質性。韋伯相信，社會行為受到高度異質的動機所影響，很難透過「平均」的概念來掌握。相反地，建構出某種「典型」，藉以對照出與真實的「距離」，可以「使我們更容易獲得關於行動者真實動機的知識」。雖然它「愈是尖銳而明確地被建構出來，意味著它愈遠離真實的世界，但在這層意義下反而愈能夠善盡其責」（1993：43-45）。

這就是「純粹類型」的設計策略。吾人在了解後就易於明白其中的陷阱了。「純粹類型」是從經驗世界中抽象出某些成分，但它並不就是對經驗實體的確切描述（Parsons, 1949: 603-604）。正確來說，在真實的經驗世界中，幾乎所有的支配都是混雜的，同時包含著不同支配類型的若干內涵；也極有可能在同一個群體或個人身上，針對不同的服從對象或領域，分別存在著三種支配類型。故而，若吾人企圖將儒學的統治理論對應於韋伯有關支配的某一「純粹類型」，這在學術上將是魯莽而危險的。

不過，雖然在真實的經驗世界中許多支配都是混雜而多樣的，但它們在成分上仍具有著輕重不同的交融比例，並呈現出某些基本特色。因此，吾人固然不適宜將儒學的統治理論完全對應於某一「純粹類型」，卻仍必須指出彼此的異同之處、混雜及偏重的情形，以及整體所呈現出的若干固定特色。甚至，進而從中抽象出另一種更適合的「純粹類型」，來解釋儒學的統治思想。絕不能僅僅是因為無法對應而取消掉此一對儒家支配理論予以釐

清、比較和定位的學術挑戰。

　　其次，除了陷阱之外，兩個可能的質疑又是什麼呢？第一、韋伯所提出的三種正當性類型，乃從極大量的史料中歸納抽離出來的，是屬於社會學範疇的經驗性研究。而儒家的統治理論，卻屬於政治思想範疇的規範性主張。試問，在「實然」與「應然」之間，正當性概念可以混為一談嗎？或者說，吾人可以參照韋伯有關正當性的經驗性架構，來探問儒家作為一種規範性主張，其支配理論屬於哪一種正當性類型嗎？

　　這樣一個「類比謬誤」的質疑其實是多餘的。「實然」與「應然」只是層次不同，未必存在著矛盾。研究者可以分析正當性支配怎樣在「經驗面」上發生，也可以在對正當性支配的同一定義下，探討它怎樣在「規範面」上被主張。這是兩個可以並行不悖的層次及探索途徑。重要的是，並不因此而呈現出兩種對正當性概念的不同界定；而只要屬於同一個意義脈絡，為什麼不能交互應用與參照？

　　更何況，思想家在提出規範性主張時，不僅可能已經反映了若干經驗面的事實，還總是主觀地假設或期待能在經驗面上實現，有時甚至就直接冒充經驗命題。而反過來，經驗性的事實和發展，也往往是若干規範性主張的實踐結果。以此而言，經驗性與規範性的區分在概念上雖是必要，但只要屬於同一個意義脈絡，對於兩者之間的交互應用與參照，吾人似可不必過於拘泥。

　　事實上，韋伯的做法就是如此。他一方面從經驗層次指出，中國的「皇權本身即是個至高且經宗教性聖化的結構」，具有「卡理斯瑪」性質；另一方面，又從規範性質的儒家強調，相對於巫術與宗教，其有著高度的理性精神以及強烈的現世倫理，而顯然

地，這又與「卡理斯瑪」有所不同。韋伯一方面從歷史經驗面說道，中國早就存在著「家產官僚體制」，它當然不是傳統型支配；另一方面又從規範性的主張指出，若從「儒教對於經濟的態度」與「對於專家的排斥」，以及對於刑罰的消極傾向來說，則又顯得與法制型支配格格不入。顯然地，對於韋伯而言，在正當性概念的使用上，並不因為儒家作為一種規範性主張而構成困擾[1]。

進一步地，對於以韋伯有關支配的類型架構為參照工具，第二個可能的質疑是「時空錯置」。畢竟，儒家並沒有用過正當性一詞，而所處的時空情境和面對的挑戰也迥異於西方。因此，本文的提問和探討途徑，很可能被指責為以既有的西方框架來套用在中國的文化上。甚至，韋伯有關正當性的類型架構，已經成為了儒家思想的過濾器；而篩選的結果，最後恐將淪為某種形式的西方中心論。既曲解了儒家的原旨，也誤用了韋伯理論的情境。

在回答此一質疑之前，吾人必須再次明確指出，對於中國和

---

1 筆者必須承認，韋伯不無可能是將儒家學說一般化和綜合化以後，從對中國人的心靈（主要是士大夫的心靈）確有影響的判準下來加以立論。因而，韋伯對儒家的論述仍是屬於經驗性而非規範性的。但這恐怕只能是一種較薄弱的單面向理解。韋伯自己有交代其引用中國資料的來源（1989a：321-323），明白地就包括了 J. Legge 翻譯及編輯的《論語》、《大學》和《中庸》；孟子的著作則來自 Max Muller 的《東方聖典》（*Sacred Books of the East*）以及 E. Faber 的《孟子心思》（*The Mind of Mencius*）。考究韋伯的原典，有不少用字遣詞應該還是直接指儒家的經典和思想。他對於儒學的研究到底是落在經驗層次抑或規範層次，恐怕是兼而有之。事實上，刻意作出這種區別的意義不大。因為，反映在「士大夫心靈」上的儒家經驗面，絕對是與書寫在儒家經典中的思想面糾結難分的。只要屬於同一個意義脈絡，對於兩者之間的交互應用和參照，吾人似可不必過於拘泥。

儒家是傾向於何種支配類型，這是韋伯自己深感興趣、多次提及、卻未能清楚回答的問題。這一章的撰寫乃是接續韋伯的提問，企圖完成其未竟之業的若干部分，並非筆者個人突兀而硬生生地將韋伯的框架套用在中國和儒家上。當然，即使如此，論者仍可以批評，是韋伯自己也犯了時空錯置的謬誤，或者說，他恐怕也可以被歸類為某個傲慢的西方中心論者，強將古老的中國與儒家套在他自己的西方框架裡。

只是這樣的批評恐怕站不住腳。一方面基於韋伯的取材本來就不拘泥於西方，而擴及世界許多不同文明的歷史。但更重要的是，此一時空錯置的質疑有其盲點。因為，任何事物的存在原本就都有其時空定位和情境關聯，如果說不同的時空情境就不可以進行比較和參照，那將嚴重扼殺學術研究的創意。不只中西之間，即令孔孟之間，或先秦儒家與漢宋儒家之間，難道不也都存在著時空情境的多方面差異嗎？學術研究的使命之一，本來就在跨越不同的時空情境，搭建起可以溝通及轉譯的橋梁。中西文化固然有其不同的發展背景、價值內涵與符號形式，卻非完全背離、無可溝通及轉譯。它們仍有許多共同之處，並可以在互相參照下透顯出新穎的視角，以及有價值的不同意義。

儒家固然未曾使用過正當性一詞，也有其不同的孕育背景和議題脈絡，但從思想文化所具有的共同性來說，類似的觀念以及可彼此會通的原理，絕對是存在的。時空錯置的質疑，毋寧是一種溝通及轉譯的挑戰，而非阻絕比較和參照的根本障礙。研究者要避免的，只是在未能掌握不同意義脈絡的情況下生硬而僵化地套用。

另一方面，本章在探討途徑上雖以韋伯有關正當性的類型為

框架，卻從未先入為主地預設對此一框架的肯定或否定。反而是順著尋索的過程，逐步而漸次地讓儒家的材料自己說話，去肯定或是否定韋伯之論。換言之，筆者對於韋伯正當性的類型架構，始終是依據儒家的思想而不斷予以檢驗和批判的，並未存在著所謂的西方中心論。事實上，本章正是因此而發展出對韋伯有關正當性類型架構的質疑，並提出另一種正當性類型來。

　　從學術研究的方法來看，任何一個新視角的提出，既可以帶來不同的洞見，也會導致某種盲點。這是無可兩全的本質問題。韋伯有關正當性的類型架構，在本章中的情形亦是如此。它提供了吾人理解儒家統治理論的新視角，確實可以帶來若干不同的洞見。但它當然不是對儒家統治理論的唯一理解，更也因其參考架構，而導致對儒家統治理論的認識有所局限。這同樣是研究視角上無可避免的本質兩難，必須說明在先。

　　談過了上述的陷阱和兩個可能的質疑後，吾人可以進入正文的探討了。在以下的篇幅中，討論範圍將與前一章同樣主要局限於先秦。但即使如此，仍已經是整個儒家支配理論的基調了。筆者將首先探問，儒家是否對於統治也已經從「權力」的追逐進展到了「支配」或「權威」的建立？又是否有類似於韋伯的正當性觀念？如果答案是肯定的，那它在類型上的主要成分以及混雜的情形為何？是法制型、傳統型、卡理斯瑪型，抑或是其他類型的正當性呢？對此，本章將逐一加以探討，並從中抽象、試擬出另一種「純粹類型」──道德型正當性，更有解釋力地來說明儒家的支配理論。

壹、儒家有正當性觀念嗎？

　　吾人曾在前面說過，韋伯將「權威」界定為一項特別內容的命令會得到特定人群服從的可能性。這個界定相對於「權力」概念有什麼根本差異呢？韋伯指出，關鍵在於被治者的服從動機。「權力」靠的是統治者可以排除抗拒以貫徹其意志；而「權威」則必須要有被治者的服從意願，它絕非取決於統治者單方面的強勢或威嚇。這頗為符合政治學圈的一般見解[2]（Lasswell and Kaplan, 1950: 133-134）。

　　但只要有被治者的服從意願就夠了嗎？韋伯特別提醒，許多「權威」是不穩定的。服從的意願「可能基於習慣，可能由於感情的聯繫，可能由於物質利益，也可能由於理想性的動機」。

> 這些不同的動機決定了不同的支配形式。……可是作為支配的基礎，單靠習慣、個人利害、純感情或理想等動機來結合仍不夠堅實（Weber著，1996：2-3）。

　　這些支配不只是「不夠堅實」，韋伯甚至根本不承認基於這些意願的服從可以稱為「支配關係」。他因而進一步提出了正當性概念，來作為支配關係的穩定基礎。但遺憾的是，韋伯對於如此重大的概念卻沒有明確定義，甚至還有一些混淆。譬如，他在談到

2　當然不同的見解也是存在的。譬如丹尼斯（Dennis H. Wrong）就重新解釋韋伯的用字，認為德文中的「Herschaft」包括有「強制性的控制」。他因而歸類出一種所謂的「強制性的權威」（Dennis著，1994：58-61，64-68）。

「秩序的正當性」時，竟然又將「情緒上的順從」和「利害狀況等」這些「不夠堅實」的基礎放進來（1993：63）。不過，儘管如此，韋伯對於正當性一詞的意涵，大致還是落在可以掌握的範圍。

正當性毋寧是一個訴諸內在義務感的概念。它的核心意涵，借用伊斯頓（D. Easton）的用語來說，是被治者相信服從為一種「應該」（oughtness）（Easton著，1992：351）。經常，它會加諸不服從者一種自我控訴的愧疚。相對而言，韋伯所指出的「因壟斷而握有經濟力量，……性愛的吸引力、高度的運動技巧及迷人的口才」這些「優越性而來的影響力」（Weber著，1996：4），都明顯欠缺訴諸內在義務感的效果。它們所導致的服從並非出於信仰或理性上的「應該」；而被治者若是拒絕或中止服從，也不會有自我控訴的愧疚。

迄今，許多學者使用正當性一詞有其差異，大致可區分為兩類。一類比較接近韋伯，將正當性與施政績效分開。最典型的是李普賽（S.M. Lipset），他說「效能」（effectiveness）是依照政治體系對大多數人如何滿足政府的基本功能來判斷的，而正當性則是產生和維持一種信仰的能力，即相信現存政治制度是當前社會的最適安排。有些國家施政效能很高，正當性卻很低；而有些國家恰相反（Lipset著，1991：71-75）。伊斯頓追隨了此一類型，認為灌輸正當性意識為提供「廣泛性支持」（diffuse support）的最有效手段，它就有如一個「支持存摺」（support deposit），當政治系統的效能不佳時，可以領出「存款」來平息許多風波。伊斯頓又根據來源區分了三種正當性類型：一、來自意識型態所揭櫫的原則；二、來自對政治典則（regime）所形成之結構（譬如憲政程序、法律體系、政治傳統與習慣、遊戲規約，以及約束著政治

互動的某些價值觀與文化規範等）的依附；三、來自對權威當局者個人品質的信賴與忠誠。而這三種類型全都不包括施政績效（Easton著，1992：325，341-343）。

但另有一類學者卻將施政績效也當作是正當性。典型的譬如是杭亭頓（S.P. Huntington），他不只將民主程序視為正當性，也將統治者的施政績效是否滿足人民需求視為正當性（Huntington著，1994：51-62）。衍生而出的是，當經濟衰退或政策失敗、大失人心時，就會有一堆人聲稱統治當局面臨了正當性危機。哈伯瑪斯（J. Habermas）也同樣屬於這一類學者。他聲稱，晚期資本主義因為經濟系統沒有「產出」（output）所需數量的可消費價值、行政管理機構不能制定出所需數量的有效合理決策，都導致了人們不願再投入忠誠和支持，因而出現了正當性危機。這明顯地將正當性概念應用在統治的效能與表現上[3]（Habermas著，1994：xvii-xvix，62-68）。

鄂蘭（H. Arendt）某種程度解決了這個問題。她刻意將正當性與「合理化」（justification）區別開來，認為前者乃訴諸於過去的某種基礎，而後者則是與未來的某個目標連結；譬如，暴力可以被辯護，或證明其存在的合理，但只有權力才具有正當性（Arendt著，1996：104）。正當性訴諸於權力的來源（或可說服從的動機），是回溯性的；它的核心問題是怎樣的統治「應該」被服

---

3 哈伯瑪斯雖然也專章討論韋伯的正當性觀念，但筆者認為他與韋伯所論有出入。韋伯未曾從施政績效來論正當性，哈伯瑪斯卻奠基於系統的「output」。他說，一旦「報償需求的增長超過了可使用價值的量，或者說，當這種報償不能滿足所產生的期望時」，就會出現正當性危機（Habermas著，1994：92-99）。

從。而「合理化」則訴諸於權力的效用，即目的性的；它的核心問題乃權力如何滿足服從者的需要（周濂，2005：Part 4-6）。

但撇開學者這些歧異和區別，他們對於正當性概念的本質意涵其實是相當一致的。譬如賓德（Leonard Binder），他認為正當性的本質乃對終極權威應盡的政治義務（Binder, 1971: 56）。李普賽則說，正當性是根據於某種「社會的、道德的和宗教的價值」，而相信某一政治制度或形式「是最適於社會的」（Lipset著，1991：71）。哈伯瑪斯也同樣界定其為「肯認」（recognized）某個政治秩序是「正確而適當的」（right and just）（周濂，2005：Part 3）。還有伊斯頓，則指出它「源於道義上的信仰或一種義務感」、「強調服從威權和承認典範是正確和適當的」（Easton著，1992：351，353，359）。

他們的共同之處是都強調一種「應該」服從的內在義務感。而為什麼「應該」呢？則分別指涉了「社會的、道德的和宗教的價值」或文化系統的態度及傳統。事實上，根深柢固的習慣以及理性判斷上的合宜，也涵蘊在所謂「正確而適當」一詞中。若用韋伯的概念來說，這就指涉了行動者可以經由「傳統」、「感情上的信仰」、「價值理性」（包括倫理的、審美的、宗教的，或任何其他類型之終極價值的信仰），以及合法的「成文規定」，來「賦予某種秩序正當性的效力」（Weber著，1993：49，67）。

探討過正當性概念的內涵後，那麼，儒家的支配理論又如何呢？是否具有這樣的正當性觀念？回答此一問題可以透過直接的論證，但最好的切入角度，毋寧是對比儒、法兩家的尊君之論了。因為君主作為統治上的最高權力，是最核心的服從對象。可以從中清楚凸顯是否有正當性觀念。

　　就以最講究尊君的荀子為例，他雖然聲稱君主「勢位至尊，無敵於天下。……生民之屬莫不振動服從，以化順之」（荀子·正論）。甚至將君主視為百姓核心生活的最後實踐者，「百姓之力，待之而後功；百姓之群，待之而後和；百姓之財，待之而後聚；百姓之勢，待之而後安；百姓之壽，待之而後長」（荀子·富國）。但他的尊君主張，毋寧著眼於其在社會分配上管理中樞的角色。所謂「人之生不能無群，群而無分則爭，爭則亂，亂則窮矣。故無分者，人之大害也；有分者，天下之大利也。人君者，所以管分之樞要也」。在荀子心目中，理想的社會反映出嚴謹的階層秩序，而君主扮演的就是履踐「善群」功能的「塔尖」（荀子·王制）。若塔尖軟弱、坍塌，或並非獨一無二，結果將造成階層秩序的無法統御及整合。可以說，荀子是為體系的功能而尊君，但商鞅及韓非，則是為實現霸業所需的控制而尊君。

　　另一方面，相對於韓非對人民地位的工具化，荀子從來沒有因尊君而犧牲掉人民，或要求人民無限的服從義務。他對於人民在國家中的角色始終給予高度肯定。他將「民」比喻為「水」，並引用「君者、舟也，庶人者、水也；水則載舟，水則覆舟」的古訓（荀子·王制）。他更有類似於孟子的誅殺暴君論，聲稱「誅暴國之君若誅獨夫」，「臣或殺其君，下或殺其上，無它故焉，人主自取也」（荀子·富國）。荀子又為湯武辯護，認為他只是「修其道，行其義，興天下之同利，除天下之同害，而天下歸之也」（荀子·正論）。雖然湯武的「奪」、「殺」以及「上下易位」，本身都屬不正當程序，但若是因此而能「功參天地，澤被民生」，則又是屬於正當行為了（荀子·臣道）。

　　歸而言之，對君主的服從是有條件的。儘管君主因其功能重

要性而位高權重，但還是要以其品德、愛民和施行仁政，來換取臣民真正的服從動機。不能恃賴權力與刑罰的威嚇及強制。所謂「道之以政，齊之以刑，民免而無恥；道之以德，齊之以禮，有恥且格」（論語‧為政）。「上好禮，則民易使也」（論語‧憲問）。然而，法家的尊君之論，卻認為「權位」的本身就足以至尊了。韓非就曾援引慎到的見解而比喻道，「飛龍乘雲、騰蛇遊霧。雲罷霧霽，而龍蛇與螾螘同矣。」這就有如舞台上的乾冰效果，君主所有的威風凜凜，需要的只是權勢的烘托。韓非因而結論道，「吾以此知勢位之足恃，而賢智之不足慕也」（韓非子‧難勢）。如此一來，統治的關鍵只在於如何去得到絕對的權力和位分，至於擁有權位的那個「人」是否有德、愛民或施行仁政，則完全不相干了。這正是「惡君亦君」論，與儒家的「惡君非君」論形成強烈對比。

　　從上述對於儒、法兩家尊君思想的簡單比較，結論已經昭然若揭了。法家徹底地相信「權力」和專制，追求的是統治者可以排除抗拒以貫徹其意志的可能性。儒家則否定了統治者單方面的強勢或威嚇，要求服從必須出於一種心理上的「應該」。援用韋伯的定義，儒家對於統治的理解，已經從「權力」的追逐進展到「權威」的建立了。固然，他們並未能將此一理念轉化為有效的「制度性安排」，並發展出諸如普選投票以及國會制度之類的具體民主程序。但至少，儒家對於統治有類似於韋伯的正當性概念，這一點應該是可以確定的。

　　除了儒、法兩家尊君思想的簡單比較外，儒家具有正當性觀念的其他證據比比皆是。譬如「上好禮，則民莫敢不敬。上好義，則民莫敢不服。上好信，則民莫敢不用情」（論語‧子路）。

「舉直錯諸枉，則民服。舉枉錯諸直，則民不服」（論語・為政）。
「如有不嗜殺人者，則天下之民皆引領而望之矣」（孟子・梁惠王
上）。「民之歸仁也，猶水之就下、獸之走壙也」（孟子・離婁上）。
這些話都表達出，穩定的統治基礎或所謂的長治久安，關鍵在於
當權者因有德、愛民或施行仁政而獲致了人民的心悅誠服。也就
是說，服從來自於某種心理上的「應該」，而不是依賴強勢或威
嚇的「權力」。在以下幾節的討論中，儒家類似的言論還會陸續
出現，為了節省篇幅，此處不再重複贅言。

　　那進一步地，如果儒家對於統治有類似於韋伯的正當性概
念，它在類型上的主要成分以及混雜的情形又如何呢？是法制
型、傳統型、卡理斯瑪型，抑或是其他類型的正當性？

貳、儒家與法制型支配

　　讓吾人先從法制型支配談起。簡單地說，即服從是基於合乎
理性的規章。韋伯曾有點雜亂地說明了更詳細的特徵。可以歸納
如下（1996：13-21）：
　　第一、成員的行為持續不斷地受到規則的約束。
　　第二、職權依據法規而有明顯的定義和範圍。
　　第三、按照層級的原則來建構上下位階。
　　第四、憑藉專業性的資格及表現來取得職位和升遷。
　　第五、職位的去留基於自由契約，存在著自由選擇的可能。
　　第六、行政幹部和生產工具的所有權分離。他們只是使用生
產工具，接受金錢或其他形式的報酬。
　　第七、職位並非私有，不能出租、售賣或利用職務牟取利益

和收入。

　　韋伯如此對法制型支配的界定堪稱是經典的。儒家似有若干相符的支配理論。最明顯的即孔子對於「禮」和「正名」的主張。盛周封建制度的原始設計，就是透過不同等級的分封隸屬，確定各個角色的相互關係，並從最根本的道德與心理層次，來達成「民服事其上，而下無覬覦」的統治秩序（左傳·桓公二年）。而禮儀則是實現此一目標的關鍵手段。至少在戰國以前的封建城邦時代，「禮」所呈現的封建紀律仍是頗為制度化的，涵蓋了雕鏤、文章、黼黻、宮室、車旗、服飾、器用以及飲食等等。但其中最核心的是各個不同層次的策命禮（陳夢家，1956：98-114；齊思和，1947：197-226）。經由「委質為臣」，賦予了王室貴族對其下屬階層進行支配的正當性。

　　整體而言，在封建禮儀的加持下，盛周王朝取得了下位者「應該」服從的內在信仰。對於不服從者，它並不希望訴諸武力，或其他強制性的「權力」，而寧可加諸一種失「禮」的責難，企圖帶給不服從者以內在的愧疚。

　　或許正是此一正當性的效果，吸引了儒家加以闡揚發揮，聲稱「凡治人之道，莫急於禮」（禮記·祭統）。「上好禮，則民易使也」。基本上，孔子承續了封建傳統，同樣期待透過「禮」而讓君臣、上下、長幼、男女、父子及兄弟都各有定位，彼此的相互關係因此獲得確定，並且社會成員的舉止言行也都納入具體規範。因為，在明確的權利義務關係以及高度共識的角色期待下，不僅帶來最少的衝突和失序，更充分存在著一種「應該」服從的內在信仰。

　　孔子再三訴諸「禮」來批評時政與權貴，並發而為「正名」

的主張。蕭公權指出,「正名」就是按照盛周的封建禮儀,來調整君臣上下的權利與義務關係(蕭公權,1977:57)。譬如季孫氏旅於泰山、八佾舞於庭,對孔子來說,都踰越了身分,已經自比為周天子了。而孔子作《春秋》,憑什麼使「亂臣賊子懼」呢(孟子.滕文公下)?也是根據於此。所謂「名不正則言不順,言不順則事不成,事不成則禮樂不興,禮樂不興則刑罰不中,刑罰不中則民無所措手足」(論語.子路)。這些都充分表露了他的一種思想傾向,即認為統治行為的正當性在於合乎「禮」,不容以現實性的武力強弱取而代之。

政治作為價值的權威性分配,其最糟糕的一面,就是演變成叢林法則式的優勝劣敗,隸屬於衝突邏輯的強制與暴力。然而,「禮」之一字卻意味著高尚與謙沖的文明,全然擺脫了鬥爭衝突中的醜陋與血腥味。用徐復觀的話來說,「禮」就是一種「文飾」,它「大大緩和了政治上下關係的尖銳對立的性格」(徐復觀,1972:31)。以此而言,「禮」與韋伯所謂的「法制」比較起來,在效果上似乎有異曲同工之妙,甚至更勝一籌。因為透過「禮」之一字,將統治關係中的命令與服從充分文雅和藝術化了。故而,它似乎更易於產生服從的內在義務感。當然,這種講法純粹是筆者看似合理、不悖乎人情的主觀推論,尚未能有任何經驗研究來加以證實。

只是,畢竟儒家的「禮」治與韋伯的「法制」有所不同。基本上,孔子對「法」並不信任[4],理由有三:第一、它們只能約束

---

4 必須註明的是,先秦儒家在當時所理解的「法」與韋伯的「法」稍有不同。主要在於當時的「法」乃遂行統治、控制人民的工具,是「rule by law」,它乃

外在行為，而無法從內在改造人格。第二、它們只是事後的制裁，不能防患於未然。第三、最重要地，它們會帶來一個惡果，就是所謂的「民免而無恥」。這裡的「免」指出了人們在法律之下只是消極的避免，而非積極的遵守。「心中想的只是如何不受到刑罰」，未能真正地從良心去叩問其中的是非。久而久之，內在的羞恥心就蕩然無存了（朱建民，1994：122-123）。

孔子相信的毋寧是道德自律，即「道之以德，齊之以禮」，而它為什麼會帶來一個「有恥且格」的結果呢？因為它訴諸內在的人格層次。當然，儒家不是完全否定了法律，特別是針對所謂的「小人」[5]。但無可否認的，建立在道德教化上的自律始終是最高理想，而政刑之類的法律則只是輔助性的次要工具，甚或是調適過程中必要的罪惡。即使是荀子，在強調「禮義法度」的外在規範之際，仍然聲稱「有亂君無亂國。有治人無治法」。他不是不明白「人治」的致命傷在於「得其人則存，失其人則亡」。但依舊堅持統治原理為「法者治之端也。君子者治之原也」（荀子・性惡；君道）。

除了對於「法」未能信任外，儒家也對於法制型支配所賴以為結構條件的「契約」完全陌生。他們始終趨向於準家族式的倫

因應親緣性宗族的瓦解以及「禮」的式微而興起的。鄭子產做《刑書》，晉國做《刑鼎》，都是這種趨勢的表現。而韋伯的「法」卻是現代的「rule of law」，統治者也在被規範之列。

5 所謂「禮不下庶人，刑不上大夫」。荀子在〈富國〉篇中也說道，「由士以上則必以禮樂節之，眾庶百姓則必以法數制之。」孟子同樣指出「君子犯義，小人犯刑」（孟子・離婁上）。這就表明了先秦儒家似乎將道德自律局限在有文化薰陶的君子或統治階層身上。

理，即以「假想性血緣」來結構組織[6]。

原本，在封建制度下的周朝邦國，雖然步入了民族學聲稱的國家階段，但親緣關係卻沒有被契約關係所取代，經由以封建為手段，它反而被大幅強化了，並形成所謂的「氏族共同體」。但到了孔子的春秋晚期，氏族共同體已經隨著封建的式微而日漸消逝。不只貴族的莊園采邑嚴重毀損（馮爾康，1994：86-91），強宗大族的數目和活躍力也同樣銳減（許倬雲，1984：321-324；335-336）。而就在這樣的演變中，原本「家」的意涵與運作原則開始從「國」中迅速退卻；「統治者及其臣子之間的家族凝聚力，已經被有如主雇般的契約式關係所取代」。「統治者不再是家族國家（familial state）的一個父親象徵（father-figure）」，而是官僚行政上的一個負責人（Hsu Cho-yun, 1965: 174, 179）。

但儒家對於此一變遷卻是加以抗拒的。他們強烈嚮往著逝去的氏族共同體，堅持將社會暨政治倫理當作是家族倫理的擴展與延伸，讓整個「國」就只是一個浩大的「家」。事實上，儒家所謂的家齊而後治國平天下，正就是「假想性血緣」的闡揚與發揮，即以真血緣關係為典範，擴張為廣及天下的準血緣聯繫。這意味著他們拒絕將社會結構的紐帶，從家族式的準親緣倫理發展為諸如契約與法律之類的互動基礎。換言之，儒家在「禮」的框架下，所謂的服從乃是基於準親緣倫理下的「應該」，而非法律與契約精神下的「應該」。

---

6 這裡所謂的「假想性血緣」，就是在相互之間，雖沒有真正的血緣關聯，卻產生類似氏族血緣的聯繫作用（許倬雲，1984：2）。杜正勝則稱之為「假氏族血緣聯繫」（pseudo-clanship）（杜正勝，1979：16）。

在準親緣倫理下，一方面因濃厚的義務思考而缺乏法治所必要的權利意識，人們總被要求要顧念對方、並自覺虧欠。就如梁漱溟說的，「一個人似不為其自己而存在，乃彷彿互為他人而存在者」（梁漱溟，1979：90）。另一方面，由於準親緣倫理依循的乃是「差序格局」下的「親親差等原理」（費孝通，1991：29），即親緣關係愈濃稠者，愈屬於特殊主義的處理範疇；而愈疏淡者，則愈屬於普遍主義。結果，當整個社會被「家族化」的範圍愈大時，法律的空間就隨而縮小了。

在上述的兩重因素下，若還要說儒家的支配理論為一種法制型支配，實不妥當。然而，在「實質精神與效果」上——並非在「本質內涵」上——孔子經由「禮」所呈現的正當性訴求，還是有若干之處符合了韋伯的法制型支配[7]。為了說明這一點，吾人可以進一步審視韋伯如何論證法制型支配的五個基礎（1996：11-13）：

第一、任何一個法律規範，本身就有說服力要求其成員對它服從。

第二、規章被假設是為組織的最高利益，或為滿足成員理性追求其利益而設的。

第三、支配者本身也得服從於一套無私的法令和程序。

第四、真正的服從對象只是法律，並且，也只是以組織成員的身分而服從。

---

7 韋伯討論法制型支配時是以大陸法系國家的「法」作為典範的，它的成立要件以及所蘊含的高度理性化內涵，都與先秦儒家所倡言的「禮」有很大不同。筆者此處純粹只就「實質精神與效果上」立論，絕非認定「禮」在本質上就是法制型支配。為避免誤解，特此說明。

第五、服從因而是有範圍的，只限於秩序與理性所界定者。

令人驚訝的是，這五個基礎在儒家的「禮」治中竟然是同樣存在的。首先，「禮」由於規範了明確的權利義務關係，並有高度共識的角色行為期待。故而，當它內化為一種基本價值，其本身要求服從的說服力絕不亞於「法」。至少在盛周時期，封建禮儀就發揮了很大的規範作用（杜正勝，1987：322-323）。

其次，「禮」也同樣被假設是為了整個國家、乃至於天下的最高利益，並且它所帶來的秩序與和諧，也讓每個社會成員都為受惠者。荀子即聲稱，聖王制「禮」所可以達到的，就是「農以力盡田，賈以察盡財，百工以巧盡械器，士大夫以上至於公侯，莫不以仁厚知能盡官職」的「至平」境界（荀子・榮辱）。其中，百業各司其職，達於最佳分工與效用。

第三，在「禮」之下，支配者當然也得服從於一套無私的規範，絕不能像季孫氏那樣，身為統治者卻一再踐踏「禮」。事實上，這正是儒家最在意者。所謂「政者，正也。子帥以正，孰敢不正？」（論語・顏淵）以及「上好禮則民莫敢不敬」，就是這樣的訴求。

第四，真正的服從對象，同樣是「禮」而非上位者個人，也只是以成員的身分來服從。在荀子的理論中，既然視君主為「管分之樞要」，並為體系的塔尖功能而尊君，此已隱含了服從的真正對象乃作為一種制度的「禮」，而服從者也只是以成員的身分，去尊崇扮演「善群」角色的君主。

第五，在「禮」治下的服從因而同樣是有範圍的。若統治行為踰越了「禮」，當然就喪失了要求服從的正當性。雖然孔子沒有發展出類似孟子那樣的抗爭和革命理論，但至少他極力地呼籲

「克己復禮」（論語·顏淵），並一再援引「禮」的規範來批評那些踰越的統治者。

　　歸納而言，儒家的「禮」治確實在「實質精神與效果」上與法制型支配有異曲同工之妙，甚至，從吾人看似合理、不悖乎人情的主觀推論而言，它還因將統治行為予以文雅和藝術化，而更易於產生「應該」服從的內在信仰。但畢竟它還是與法制型支配明顯有別。「禮」治毋寧還是人治的一種過渡性狀態，未臻於法治的標準；而在「禮」治下，服從的是準親緣倫理而非契約精神下的「應該」。此外，儒家所指涉的理性專業，也偏向道德學問，並非知識專業；甚至，知識專業還必須接受道德的評價。這同樣與法制型支配有所出入。

叁、儒家與傳統型支配

　　談過了法制型支配之後，那傳統型支配又如何呢？儒家具有此一面向嗎？

　　按照韋伯的界定，所謂的傳統型支配，即指服從乃基於歷代相傳下來的規則及權力的神聖性。其規範的有效性，並非經由立法程序所賦予的，而是宣稱乃「古已有之」（valid of yore）或「求諸傳統文獻」的。支配者通常享有「因襲的身分」。他不是職位的「上級」，而是個人的「主人」。行政幹部主要也非「官吏」而是「隨從」。主子與隨從之間可以是一種既有的、傳統上的恭順關係，譬如族親、奴隸和家臣；但也可以是新發展的、靠個人忠誠而致用的寵幸或封臣，或自願投入此一恭順關係網絡的自由人。重要的是，他們的關係取決於「個人的忠誠」，並非「官吏

無私的職責觀念」和自由契約（1996：29-31）。

韋伯曾將之與法制型支配作出比較，並指稱有五方面的差異（1996：35-38）。吾人可以稍加潤飾，整理如下：

第一、職位缺乏明確定義及範圍。後來隨著幹部之間的爭寵和爭利，才逐漸在妥協下界定清楚。

第二、傳統規則取代了層級結構。經常，支配者身邊的侍從就直接成為發號施令者。

第三、任免既無契約精神，亦毫無保障可言。

第四、很少憑藉專業性的資格及表現來取得職位和升遷。

第五、幹部們支領的是聖上賞賜給私人的「俸祿」[8]（benefice），而非「薪資」（salary）。換言之，職位是私有的，理所當然地可以藉由職務牟取利益和收入。

韋伯還進一步依照支配者有無個人的幹部，區分出了兩種基本類型，即「非家產制」（non-patrimony）與「家產制」（patrimonony）。其中，「非家產制」又分成兩種經常並存的形式：「長老制」（Gerontocracy）及「家父長制」（patriarchalism）。前者的統治權掌握在最熟悉傳統的年長者手中。後者則由一個經固定繼承規則產生的人來擔任統治者。「非家產制」的特徵是支配者沒有個人的幹部。因此，有賴於其他人的樂意支持。通常，支配者必須以一種共有權力的方式來照顧到所有成員的利益。這時候的團體成員還不致完全淪為「子民」。

---

8 這裡所謂的俸祿，韋伯指出有五種形式：一、住在領主家中以維生。二、從領主支取實物配給。三、以服務為條件使用某塊土地的權利。四、藉著處分某些財產收入、規費或稅金。五、占有領主權，即「采邑」（1996：46）。

但在支配者開始有自己的幹部，而且愈來愈龐大、甚至包括了武裝力量時，「家產制」就出現了。支配者的權威開始由團體共有轉變為其個人特權。他可以任意處分財貨及人員，而團體中的成員也淪為「子民」。韋伯進一步區分，如果這種支配是完全獨斷獨行的，則可以稱之為「蘇丹制」（sultanism）。但如果幹部可以處分特定權力及其相對應的經濟利益，則是所謂的「身分制」（estate type）（1996：39-41）。

根據於韋伯上述之論，吾人可以主張，從商周到清末，中國的朝廷就具有濃厚的傳統型支配特徵，並且表現出從「非家產制」演變成「家產制」的過程，百姓愈往後期愈淪為「子民」。就朝廷的結構而言，雖然從表面上看有職位分工和層級結構，但貫穿其間的，毋寧是傳統主義和支配者的獨斷。除非改朝換代，聖上總享有世襲的身分，並依照著傳統的規章來行事。他與左右親信和大臣之間，更在本質上是一種建立在個人忠誠上的主從關係；他可以任意更換，並隨個人好惡貶抑或升遷。此外，部屬所支領的「俸祿」，同樣是聖上賜給其私有的一種恩寵，並也經常以實物配給的方式來支付。

然而，這樣的傳統型支配是儒家所支持的理念嗎？

從一方面說，韋伯所謂的「長老制」及「家父長制」，頗為符合商中後期以及盛周的情形。其支配者的權力就基於世襲的正當性，並以「父親」的象徵來統管一個準血緣聯繫的共同體。正如吾人在第一章中所談過的，史華慈（B.I. Schwartz）曾精闢地指出，至少就商朝的中後期而言，祭祖的意義在於家族光榮和權勢的誇耀。隨著政治鬥爭的熾烈化，它尤其成為王公貴族的「支配性象徵」。甚至「統治者們處心積慮於祖先崇拜的宗教，以作

為王室正當性的基礎」（Schwartz, 1985: 21-23；董作賓，1960：240）。
這意味著先人雖已過世，卻仍以祖靈的形式維持著既存的階層關
係與地位（Granet, 1975: 39, 81）。發展到了盛周封建制度，這種建
立在家族光榮和權勢上的世襲法則更加擴大了。依血緣關係組成
的宗法制度，貫穿了整個統治階層，並基於宗主乃「祖先的化
身，是宗族全部歷史的人格化象徵」，而確立了世襲的正當性（錢
杭，1994：49）。侯外廬聲稱，這是一種將「國家混合在家族裡面」
的模型（侯外廬，1963：23）。周天子與其說是君主，不如說是大家
長（徐復觀，1980：28）。

但另一方面，儒家卻排斥了世襲正當性所賴以為基礎的家族
主義。無論是梁啟超、唐君毅和錢穆都指出，儒家的倫理雖始於
「親親」，追求的卻是「不獨親其親，不獨子其子」（禮記‧禮運）。
孝悌固然是仁之本，並不是仁之全（梁啟超，1977：71；錢穆，
1981：24；唐君毅，1955：246）。儘管整個「國」被理解為只是一個
浩大的「家」，並且，上位者更是以父兄的形象來領導統治，但
對於什麼人可以獲得如父兄般的統治地位，儒家卻堅持必須取決
於成就取向的「德」與「能」，而非世襲性的輩分或長幼次第。

對儒家來說，這正是家天下與天下為公的不同，前者將統治
地位的取得局限於狹義的家族意識中；後者則是追求「以德致
位」（蕭公權，1977：54，65）的君子統治；或者如徐復觀進一步衍
生的，乃「有位者必有其德」且「有德者必有其位」（徐復觀，
1982：400-401）。當然，「君子」一詞已經在孔子手中從封建制度
下的居高位者轉變為道德菁英了（余英時，1987b：148）。孟子所謂
的「天爵」與「人爵」之別，也正是指此。前者是「仁義忠信，
樂善不倦」；後者則是指世襲下的「公卿大夫」（孟子‧告子上）。

　　這樣的立場自然也反映在政治甄選上。孔子就曾表示，自己偏好選用那些先學習禮樂而後獲致官位的「野人」，而不是先有了官位而後學習禮樂的卿大夫子弟（論語·先進）。孟子則主張「尊賢使能，俊傑在位」（孟子·公孫丑上）。他還要求效法「舜發於畎畝之中，傅說舉於版築之間，膠鬲舉於魚鹽之中，管夷吾舉於士，孫叔敖舉於海，百里奚舉於市」（孟子·告子下）。至於荀子，同樣表達出對世襲法則的超越，申言「論德而定次，量能而授官，皆使其人載其事，而各得其宜。上賢使之為三公，次賢使之為諸侯，下賢使之為大夫」（荀子·君道）。

　　傳統型支配的精義，韋伯指出，是服從乃基於傳統以來的規章和權力。或者說，服從是基於「某個經由傳統……而踞有支配地位的個人」（1996：29）。在中國，它始終包裝在家族主義中，藉以鞏固了世襲正當性。無可否認的，傳統主義始終在中國具有巨大的影響力，譬如所謂的「託古改制」就是最佳明證。訴求改革者必須從傳統找依據，而反對改革的更是以捍衛傳統自居。更重要的是，在雙方的攻防辯駁中，沒有人敢挑戰傳統的神聖性，只能批評對手曲解或誤用了傳統。但儒家明白地將成就取向的「德」與「能」放置在傳統主義之上，清楚貶抑了傳統之規章或權力的神聖性，更拒絕將統治地位交由家族性的世襲來決定。即使是孔子對於周禮舊制的嚮往，固然有其傳統取向的一面，但重要的其實是「禮」而不是「周」。前者是孔子的本質信念與堅持；後者則只是此一信念與堅持在特定時空中有模範意涵的具體呈現（葉仁昌，1996b：85-90）。孔子從來不是周化之順民，也未將傳統絕對化，他心目中的「禮」毋寧是承天之道的產物（禮記·禮運；韓詩外傳·卷五），當然可以得之於「周」以外某種實現君子理

念的新秩序或體制。

肆、儒家與卡理斯瑪支配

論證了儒家對傳統型支配的拒斥後，讓我們進一步討論韋伯的卡理斯瑪支配，儒家的支配理論又是否具有若干與之相關的面向呢？

所謂的卡理斯瑪支配，簡單地說，乃基於對支配者某種超凡特質的景仰或震懾而具有的服從動機。按照韋伯所舉的例子，這種支配仗賴的可能是所謂的暴虎之勇（Berserker）、薩滿之魔（Shaman）、宗教神力，或某種煽動的技巧（1996：61-63）。它們都讓追隨著產生了一種「應該」服從的內在信仰。

韋伯還指出，卡理斯瑪領袖的行政幹部並非由「官員」組成，也絕少具有專業訓練。他們的甄選並不考慮社會地位或家族傳統，而是依據其「卡理斯瑪稟賦」。領袖對於他們「無所謂任命或解職。……其中只有領袖對追隨者的召喚」；也沒有階層系統和明確的權責，甚至「沒有薪資或俸給這類東西。門徒或追隨者傾向於靠志願的奉獻為生」。至於卡理斯瑪共同體中彼此互動的依據，並「沒有正式的規則，或抽象的法律原則，……其所憑藉的，典型而言是啟示、神諭、靈感或其意志」（1996：64-66）。

卡理斯瑪支配在本質上有兩方面的特色。首先，它是由服從者主觀認定和自由給予的。換言之，支配者是否在客觀上真正具有那些非凡特質，並不重要，也無法「根據什麼倫理學、美學或其他任何的標準來衡量」（1996：61）。只要追隨者在主觀上予以肯認和相信，並因而願意服從就夠了。其次，它在服從範圍上是

沒有界限的。藉由超凡的魅力、奇蹟與成功，領導者獲得了可以支配一切的無限權威。

　　法制型支配和傳統型支配明顯欠缺這兩個本質特色。它們一方面都具有諸如法制或傳統之類的客觀基礎，並不取決於追隨者的主觀認定和自由給予；另一方面也因而都有明確的服從界限。法制型支配的服從只限於秩序與理性所界定者；至於傳統型支配，韋伯區分出了兩種層面，其一是受特定傳統所約束的行為，只要離此範圍就失去權威。其二則恰相反，是受特定傳統所授權的行為，即支配者不受約束、可以依個人喜好而行為的部分。但這也不是毫無限制的。支配者必須觀察被治者習慣上的順從程度，並且在不致引起反抗的程度內行使（1996：30，66）。

　　值得一提的是，韋伯還討論了一種變型的卡理斯瑪支配，它經常出現在卡理斯瑪的「例行化」過程中，就是所謂的「直接訴諸民意的支配」。譬如是克倫威爾、羅伯斯比和拿破崙，他們會假借公民投票，經由群眾的授權而獲得統治正當性。對韋伯而言，這何以是屬於卡理斯瑪支配的一類呢？因為追隨者對領袖「有高度的信賴及歸依的情緒」。所以它不同於法制型支配。它經常導致的結果是領袖及其幹部並「不太關心自己是否正確及嚴格地遵守紀律行事」，也「不可能追求嚴正客觀的決策及行政管理」。但另一方面，它又與標準的卡理斯瑪支配不同，因為其權力的正當性是基於被治者的信賴和同意，而非其個人的卡理斯瑪特質（1996：111-120）。

　　無論標準的或變型的卡理斯瑪支配，試問，儒家具有類似的面向嗎？對此，正如吾人在前面所提及的，韋伯自己表達過一些模糊的話。他一方面指出，相對於巫術與宗教，儒家有著高度的

理性精神以及強烈的現世倫理。它「沒有以超俗世之神的名而揭示倫理『要求』的先知」。「中國人的『靈魂』沒有受過先知革命的洗禮，也沒有私下個別的『祈禱者』」。並且，「其理性主義的高張程度，可說是處於我們可能稱之為一種『宗教』倫理的極端邊緣位置」。但另一方面，「皇權本身即是個至高且經宗教性聖化的結構。……皇帝個人的地位，……完全是基於他做為上天（其列祖列宗所居的上天）的委任者（『天子』）所具有的卡理斯瑪」。韋伯這些模糊的話或許顯示出了他自己的困惑，吾人需要進一步釐清。

首先，就理性與現世倫理的一面來說，在韋伯就儒家與清教徒的比較研究中，著墨最多了。韋伯有關這一部分的說法，吾人已經在第一章中詳細討論過，在此無須贅述。重要的是，儒家真的缺乏奠基於「超俗世上帝」的超越面向、而僅為一純粹的理性暨現世倫理嗎？更關鍵地，這又是否導致了其缺乏卡理斯瑪支配的特質呢？

這個問題的內涵其實很弔詭。在本書的第一章中，筆者已經透過大篇幅的論證指出了韋伯有一個盲點，即未能發現儒家的整個理性倫理始終是以天為最後基礎的；儒家是存在著「彼岸」的，不是只有「此世」。如果完全否定掉了天，儒家的理性倫理將陷入無以立足的困境。無怪乎孔子雖「不語怪力亂神」、並聲稱「未能事人，焉能事鬼」（論語・述而；先進），卻對於天始終恭敬。他明白強調君子要「畏天命」（論語・季氏）；也以自己五十能知天命為一種成長與突破（論語・為政）；甚至自許為天命的承擔者。在談到「禮」的時候，儒家始終相信，天乃其內在的永恆性根據。所謂「夫禮，先王以承天之道，以治人之情」（禮記・禮

運）。整個來說，其中所體現的原則，就是立仁道於天道，而非以仁道取代了天道。

但雖是盲點，韋伯也沒有錯，因為，儒家儘管充斥著天或天理之類的概念，其倫理的核心又不外是源自於古聖先賢的禮儀、典籍與家族等傳統，以及由這些傳統所抽象演繹出來的情和理。韋伯就是由此鋪陳出了儒家缺乏超越的向度，沒有真正的超俗世上帝。雖然仁道沒有取代天道，並且天在仁道的實踐過程中還扮演著重要地位；但天意總依據著君主是否進德愛民而展現的，天理終究還是歸結並具現為實踐人倫的聖君和經典。

這就是為什麼儒家在談及統治權力時一方面援引「天命觀念」，另一方面又強調「藉天抑君」。前者證明了儒家確實不是沒有「彼岸」，它有著天或天理之類的超越意識。但後者卻指陳了此一超越意識的世俗與仁道化，它終究是歸結為實踐人倫的聖君和經典。

那麼，在此一弔詭中，儒家呈現了怎樣的卡理斯瑪面向呢？一方面，天命的存在意味著統治權力的正當性來自於天授。這會使人們在服從天子時產生若干卡理斯瑪意涵的效果。天子至少被認定為稟承天命，或是所謂的「奉天承運」，而就其身為祭天時唯一合法的「祭司」身分來說，也很難不被當作是天的代理人與中介者。藉由天的概念，統治者確實被聖化了。

但另一方面，正如錢穆所說的，天命訴求的是政治責任該由誰來承擔，而非政治權力隸屬於誰的問題（錢穆，1976：34）。這意味著儒家真正強調的毋寧是藉天抑君，而非君權天授。因此，對於統治者的聖化，儒家反而是會加以抑制、甚或反對的。透過「天聰明，自我民聰明；天明畏，自我民明威」（尚書‧皋陶謨）這

類的話，天命正當性轉化成了源自於統治者德政的民心向背。君權的盛衰固然是天意的展現，但關鍵實在於君主的進德愛民與否而已！換言之，天道的內涵其實是仁道。

　　然而弔詭的是，藉天抑君的前提卻是君權天授。試問，若君權非天授，天如何能賜予之以為賞、罷黜之以為罰呢？而即使是民意正當性，也要將之說成是天意才能發揮效果。根本上，儒家的整個人文和理性精神以及現世取向，是以天為最終基礎的。他們是立仁道於天道、以天道來強化仁道；絕非以仁道去排除或取代超越性的天道。即使到了後來的宋明儒家，同樣一方面將天理歸結為人倫，另一方面，又將人倫奠基於天理。而既然仁道之君父所實踐的正是天道，當然就具備了由天所「認證」的統治正當性。只要他們的統治是仁道的，順從他們就有如順從天一般地理所當然。

　　不只如此，統治者還可以技巧性地操作，經由不斷作出對天的尊崇和相關儀禮，來證明自己與天之間的密切關係；甚至，向天公開罪己的懺悔行為，都意味著已經被天所接納了。這些都強烈暗示了統治者是傳達和執行天意的中介者，並進而使臣民對其生發一種「應該」服從的內在信仰。當然，這樣的政治性操作並不符合儒家的原旨，但在現實上卻經常發生，並也在後續的儒學理論中正式登台[9]。

　　天子一旦被聖化，其權威就傾向於無限，可以任意支配臣民。這一點完全符合卡理斯瑪型支配的特質。然而，儒家在此反

---

9 典型的是董仲舒，他明白增添了聖君立足於天人之間樞紐地位的理論，這使得藉天抑君的企圖更無法收效，反倒是走上對天子的聖化結果（葉仁昌，1996a：66-68；或參見本書第一章中的相關討論）。

而是不同調了。正如前述所討論過的，孔子強烈要求統治行為不得踰越「禮」，否則就喪失了要求服從的正當性。孟子則更基於仁道，肯定誅殺暴君以及革命的必要。至於最講究尊君的荀子，也同樣為湯武辯護，並認定對君主的服從是有條件的；儘管君主因其功能重要性而位高權重，還是要以其仁道來換取臣民真正的服從動機。這絕非以仁道取代了天道，而是經由仁道將原本「宗教意涵的天」轉化成了「道德意涵的天」。

　　歸結而言，對於儒家是否具有卡理斯瑪型支配的面向，讓吾人回到韋伯那些模糊的表達。韋伯難得的是，他看到了中國的皇帝基於作為上天的委任者而具有卡理斯瑪特質，這似乎隱約透露了他可能知悉中國的天命觀念。但遺憾的是，韋伯並沒有進一步理解天在儒家的理性精神和現世倫理中的地位和轉折。天命觀念固然聖化了天子，賦予其為天的委任者角色，但君權天命卻非中國皇帝之卡理斯瑪特質的唯一面向。儒家還發展了藉天抑君的另一面向，即強調天意對統治者唯德是問。換言之，天道的內涵實質轉化為仁道了。但儒家的整個人文和理性精神以及現世倫理，還是以天為最終基礎的。他們是立仁道於天道，而非以仁道取代天道。而既然施行仁道的統治者所實踐的正是天道，當然就由此產生了與君權天命有所不同的另一種卡理斯瑪效果，即只要統治者是仁道的，順從他們就有如順從天一般地「應該」。但弔詭的是，仁道的存在也使得它並非純粹的卡理斯瑪型支配[10]，因為服從

---

10 在這一點上，筆者認為石元康犯了錯誤。他從天命思想直接認定儒家乃卡理斯瑪型支配（石元康，1999：17-20），卻忽略了卡理斯瑪型支配在服從範圍上是沒有界限的，而儒家在天道與仁道的幾番轉折後，已經有所不同。

的義務不是無限的，前提必須是君主的行為符合仁道。相對於此，真正的卡理斯瑪支配，並不需要以達成符合社會共識的修德愛民為前提條件，它只在於追隨者的主觀賦予。

可以附帶一提的是，儒家的支配理論當然也不是「直接訴諸民意的領導制」這種變型的卡理斯瑪支配。畢竟，其民心向背只是一種消極的同意，缺乏積極表達出同意權的具體制度。也說是說，並不真正存在著任何「直接訴諸民意」的制度或程序設計，來表達對支配者權力的同意與否。透過民心向背的主張，儒家毋寧只是「期許」統治者要照顧百姓、聽取人民的哀號和呼聲，而非要求統治權力得經由某種人民同意的制度或程序。

小結：道德型正當性的試擬

對於儒家的支配理論，本章討論至此，就其與韋伯正當性類型的異同之處、以及在成分上的混雜及偏重情形，應該已經大致交代清楚了。但如此仍是不夠的，還必須進一步定位出其在整體上的固定特色。而既然韋伯的三種正當性類型都不能妥當適用於儒家的支配理論，筆者必得另起爐灶，才能解決此一問題。

吾人不難發現，貫穿儒家的始終是從「親親」出發而擴張到天下的道德訴求。就法制型支配的面向來說，透過「禮」的規範，基本上所反映出來的就是這樣一種「人倫」秩序。可以說，它展現出準親緣倫理的「道德治理」。再就傳統型支配的面向來說，雖然君臣有如父子、朋友有如兄弟，但儒家卻要求統治地位的取得必須「以德致位」，不應基於家族主義下的世襲傳統。至於卡理斯瑪型支配的面向，仁道無疑更是其中的核心概念。它一

方面以天為基礎，肯認了仁道之君的統治正當性；另一方面又範圍了服從的界限。歸結而言，這些不同的面向都匯集在道德此一概念上。緣此，筆者可以從中抽象、試擬出另一種「純粹類型」——道德型正當性[11]，更有解釋力地來說明儒家的支配理論。

此一新類型的建構基礎，當然是根據於儒家的支配理論。但兩者卻不可以畫上等號。儒家的支配理論作為一種「社會事實」[12]（social fact），如前述所討論的，毋寧在正當性的成分上是混雜的。而此處所謂的道德型正當性，則一如韋伯所使用的，乃研究者基於個人的理論旨趣，主觀地將「道德」此一儒家支配理論中最核心的概念加以抽離和強調，而後投射出來的心智建構（mental construct, Gedankenbild）。韋伯即曾指出，「理念類型」就其概念上的純度（its conceptual purity）而言，此一心智建構無論在何處都不能經驗地發現其實體（reality），它是一個烏托邦（utopia，意指完美的理想境界）（Weber, 1968: 497）。同樣地，筆者使用道德型正當性一概念也是如此，它與儒家的支配理論作為一

---

11 筆者早在1996年就已提出此一概念（葉仁昌，1996b：230）。後來發現江宜樺也使用了同一名詞（江宜樺，2008：215）。從該文的「參考文獻」推測，應該只是巧合。而彼此所見略同，正可增添此一概念的可被接受性。但該文在相關討論上似有所不足。譬如，忽略了仁道與天道之間的關係，以致未能發現儒家的道德型支配仍包含有若干卡理斯瑪內涵。另外較大的缺點是，該文和石元康一樣，從韋伯的架構來探討儒家的支配類型，卻都沒有使用韋伯談論中國及儒家統治正當性最多的著作《中國的宗教：儒教與道教》。

12 此處筆者借用了涂爾幹（E. Durkheim）在方法學上的用語（Durkheim著，1990：28-29，100-104）。將儒家的支配理論當作是一項外在於個人意識的社會事實，經驗性地分析其特質並作出研究上的處理。可進一步參考本書下一章的相關討論。

種「社會事實」並不能混為一談。在正當性的成分上，前者是純粹的，而後者是混雜的。筆者在此所訴求的，只是與法制型、傳統型和卡理斯瑪型比較起來，道德型正當性更有解釋力，也更為儒家支配理論的主要成分罷了！

對於道德型正當性這樣一個概念，首先會遭遇到一個質疑，即「支配」的本身不就已經是一件道德之事，或者說，正當性不就是某種道德概念了嗎？譬如石元康就認為，正當性即「統治者所以有權力的道德基礎的問題」（石元康，1999：6）。若果真是如此，則筆者的道德型正當性一概念，不就變成套套邏輯了嗎？

事實上，石元康將正當性視為「權力的道德基礎」，毋寧是極不嚴謹地對道德一詞的使用。道德確實本來就是內化在人心中的應然之事；但反過來，內化在人心中的應然之事，未必都是道德。就如在前述中所指出的，正當性一詞的核心意涵，乃一種「應該」服從的內在義務感。而為什麼「應該」呢？則可以指涉「社會的、道德的和宗教的價值」，更也包括了根深柢固的習慣，以及理性判斷上的合宜。它們都蘊含在許多學者所謂的「正確而適當」一概念中。難道這些「應該」都可以歸屬於道德嗎？

試問，在韋伯的法制型支配中，合乎理性的規章可以說是權力的一種「道德基礎」嗎？更別忽略了很多法令規章甚至是不道德的。再譬如，在卡理斯瑪支配中，難道暴虎之勇、薩滿之魔、宗教神力，或某種煽動的技巧，也可以說是權力的「道德基礎」嗎？

如此使用道德一詞不是不可以，但未免過於浮濫，易生滋擾。在本章中，道德的概念毋寧是從最普遍的用法而予以理解的，其本質乃對是非善惡充分證成的標準。以此而言，道德只是

正當性的類型之一。它作為一種規範人心的「應該」，當然有其正當性效果；但絕不能反過來，認定所有的正當性都乃道德之事，或者說正當性就是「權力的道德基礎」。

　　既然如此，筆者所謂的道德型正當性一詞，顯然並不存在著套套邏輯的問題。而藉由此一概念，所指涉的乃一種基於「道德價值」而發揮「應該」服從之心理效果的正當性類型。也就是說，它的服從動機乃基於道德作為一種對是非善惡充分證成之標準所具有的價值。它當然有別於那些基於法制、傳統或卡理斯瑪等價值而發揮「應該」服從之心理效果的正當性類型。至於它的基本特徵，筆者則可以歸納如下：

　　第一、支配者享有的既非法律或因襲的身分，而是道德聖賢的地位。他不是職位上的「上級」，也非個人的「主人」，而是扮演道德楷模、享有「天爵」身分的「聖王」。

　　第二、支配者的權威來自於道德人格的感召，它固然有一部分是由服從者主觀認定和自由給予的。但更多時候，由於存在著對某些道德規範的社會共識，它會如法制型和傳統型支配一般，有其相對而言的客觀標準。

　　第三、無論地位高低，也無論是在公領域或私領域，成員的行為都持續不斷地受到道德規範的約束。道德不僅不可須臾或忘，並且，無能修身齊家者，也不可治國掌天下。

　　第四、職位的取得和升遷，都必須憑藉道德成就，而非傳統規則或專業性資格及表現，這即是所謂的「以德致位」。並也根據於此來建構組織和社會的上下位階，形成一種「祿」隨「位」、「位」隨「德」的階層秩序（葉仁昌，1996b：154-179，253-254）。

　　第五、即使是最高支配者，其職位都並非私有的，不能用以

牟取私利，也不能私相授受，「篡弒」甚或「禪讓」都被否定[13]。天下為公，傳賢不傳子，有德者居之。

這五個基本特徵說明了道德型正當性的意義。但對於了解此一新的類型，這樣的說明還是不夠的。吾人必須更進一步探討，道德概念如何被儒家所使用，其內涵為何？

事實上，原本在先秦時期，此一概念並不突出，正是儒家將它發揚推廣的。江宜樺似乎仔細計算過，「德」在《論語》中出現三十一次。但絕大部分都在強調其重要性，而對於它究竟是什麼，幾乎沒有任何解釋。真正對「德」的意義有所闡發的，都是比較側面、迂迴的講法。譬如，「中庸之道」是一種德（雍也），「讓天下於賢者」和「以大事小」也是一種德（泰伯）。或者，孔子會從反面指出什麼不符合「德」，譬如「巧言亂德」（衛靈公），「鄉原，德之賊也」以及「道聽而塗說，德之棄也」（陽貨）。江宜樺指出，《論語》只有兩段話直接面對「德」為何物。一段是子張問孔子如何「崇德、辨惑」，孔子回答說「主忠信，徙義」就能崇德（顏淵）。另外一段換成樊遲問「崇德、修慝、辨惑」，孔子回答說「先事後得，非崇德與」（顏淵）？意思是先做該做的事，而不計較收穫，就能使「德」日益提升（江宜樺，2008：204-205）。

江宜樺上述這樣一種字義式的對「德」之詮釋，似乎沒有得到什麼結論，也顯得表面化。要理解儒家的道德觀念，在脈絡上其實應該要擴及「仁」、「義」和「禮」三方面。孔子最突出的是

---

13 此處提出「禪讓」，可能引致爭議。但筆者是依循荀子之見的，他認為「禪讓」是錯誤的用詞。無論舜繼堯、禹繼舜，都是各以其「三公」的重臣身分而繼「統」的，並非由堯或舜私相「禪讓」的（荀子·正論）。

尚「仁」，並以其作為道德最核心的內涵。誠如許倬雲所指出的，在孔子之前的文獻很少言「仁」。即使有，也只是用以形容有沒有知覺、麻木與否、外表或景象美不美好（許倬雲，2006：67）。到了孟子，「義」的概念大幅抬頭，且與「仁」並列為其道德理論的兩大支柱。其中，「仁」為道德的本體，主要是以一種心性而存在。「義」則是「宜也」（中庸·第二十章），可以解釋為在各種不同情境與相互關係下，所作出的合宜之道德判斷。兩者之間，「義」並非「仁」之外的另一個道德主題，它毋寧是作為心性之「仁」在實際情境與關係中屬於理知層面上的應用。與「仁」比較起來，「義」的概念在先秦時期的使用相對普遍，並且其中就有正當、應當的意涵。至於「禮」，則是「仁」與「義」表現為社會暨政治制度上的一種外顯。它已經從心性和理知的層面進展到行為層面的具體規範了。

歸納來說，「仁」、「義」和「禮」三者共同結合為儒家道德概念的主要內涵。雖然在實際的表述上非常廣泛，包括了仁義忠信、孝悌、溫良恭儉讓、克己、九思、四維八德、惻隱、羞惡、辭讓及是非等等，但大抵不出「仁」、「義」和「禮」的三大脈絡。

儒家對道德概念的使用，除了這三大內涵外，筆者還可以就其屬性給予更多而細膩的定位。譬如，它在性質上非常獨特地蘊含有準親緣倫理的色彩。所謂「親親而仁民，仁民而愛物」（孟子·盡心上）。這與西方那種建立在基督宗教或個人主義的道德觀念，在進路上顯有不同。

再譬如，從道德的起源來作區別，儒家的道德概念毋寧是屬於韋伯所說的「價值理性的行動」，而非「目標理性的行動」

（Aron著，1986：207-208）。它意在實踐仁義此一價值信念，而非在
目的與手段之間作出工具性選擇。尤其將孟子與墨子互相比較
時，這一點就更加凸顯了。墨子倡言一種兩利互惠的「兼愛」，
但對孟子來說，道德也者「何必曰利」？它應該在「存心」上純
粹地訴諸於「仁義」本身的說服力。這個立場當然是十足康德式
的「道德理性主義」（moral rationalism）。即主張一種「先驗的道
德知識」，它對某一行為聲稱為「善」的信念，其自身就生發了
一種「性向」（disposition）去促成此一行為（Audi編，2002：794）；
並且，認定行為是否道德的關鍵，不在於其結果，而在於其原初
的動機。孟子和康德都屬於「義務論倫理學」（deontological
ethics），而非可以將道德化約為功利、並取消道德獨立意義的
「目的論倫理學」[14]（teleological ethics）（李明輝，1990：147-194）。

　　在上述分析過道德型正當性的基本特徵、儒家道德概念的內
涵及其屬性後，最後，吾人來到了有關道德型正當性的一個最核
心課題，即為什麼儒家的道德之論可以產生服從的動機呢？孟子
憑什麼堅信，「以德服人」的「王道」會有「自西自東，自南自
北，無思不服」的效果（孟子・公孫丑上）？

　　江宜樺曾在其研究中，從修身、舉賢、惠民和守信四個角度
說明了《論語》中存在著道德性正當性（江宜樺，2008：209-215），
但對於為什麼儒家的這些道德之論可以產生正當性效果，卻完全
沒有觸及。他只談了結果，但沒有解釋其中的心理過程。借用韋

14　筆者必須承認，這是一個爭論未決的問題，因篇幅所限，無法詳論。典型的
　　不同立場代表作請參見蔡信安的專論（蔡信安，1987：137-140，160-165，
　　168-171），以及本書下一章的討論。

伯的話來說，就是基本心理動機的整個「推斷演繹」過程
（"deductions" from fundamental psychological motives）（Weber,
1968: 496）。這毋寧是一個比單純的道德主張和發揚更為後設
（meta）的課題。對於韋伯這樣一個極端重視行為動機的學者，
這絕不能含糊帶過。它深刻關係著正當性的建構能成立與否。當
然，它在分析探討上的難度很高，但韋伯在探討法制型支配時已
經作了一個很好的範例，筆者可以在此學效，臚列出道德型支配
得以產生正當性效果的若干基礎，從而探討其所以讓臣民服從的
理由何在？又是否足以作為一種長治久安的服從動機[15]？

　　首先，道德直接訴諸人們的良心律則，它是完全不需要理由
的驅迫與無上命令，其本身就有要求服從的內在感召力。鄔昆如
傳神地說道，康德的道德哲學導引出 Sollen「應該」以及 Wollen
「願意」等概念，而前者「是良心的呼聲，是責任」，後者「是自
由之選擇，是隨良心之呼聲之後的反應」。對於道德命令的順
從，會「使自己內心無比的安寧，或反過來，使自己內心慌亂」
（鄔昆如，1975：450）。這就是為什麼人們對於道德雖然可能動搖、
甚或背叛，但是非之感仍在心中此起彼落、不斷交戰掙扎。

　　對孟子而言，聖人的那一顆道德的善心，即使是凡夫俗子也
都是有的。而既然是先驗的良知良能，則它在「存心」上就不需
要外加的功利誘因，也非後天的任何污染所能湮滅否定。即使它
微弱如將殘的燭光，仍在人的心中作用、吶喊呼喚。只要能夠

---

15 以下有關道德型支配的基礎，部分論證已在筆者舊作中提及（葉仁昌，
　　1996b：230-234），但因過於簡略，且未處理某些關鍵問題，故在此大幅重新
　　改寫，提出更完整論述。

「反身而誠」（孟子‧盡心下），找回它，並加以「擴而充之」、「求其放心」（孟子‧告子上），終將成為一股巨大的道德力量，督促著人們不計得失地順從它。

其次，道德型支配的另一個服從基礎，是它預設了有德者的統治行為乃出於對人民至誠的善與愛，並也體貼地考慮了人民的處境、生計和需要。故而，人民將因服從而獲得對自己乃至整體的最大利益。孟子強烈批判當時統治者聚斂、剝削以及好戰等的失德虐政，並極力呼喊保障人民的福祉，可以說就蘊含了這樣一種預設，認定「不嗜殺人」（孟子‧梁惠王上）、養民愛民，以及弔民伐罪的統治者，會因為造福百姓而得到人民的歸順服從。

對於儒家而言，統治者權力的大小始終不是問題，分權的觀念也未曾存在，重要的乃在於誰是權力之劍下的受惠或受害者。他們始終相信，這把劍只要握在有德者手中，經由施行仁政、輕賦稅、免繇役和樂善好施，「因民之所利而利之」（論語‧堯曰），它不僅無害，還會為人民帶來最大的保障和福祉。這對於服從可想而知有其正當性效果。

但必須釐清的是，這樣一種服從的基礎，由於存在著功利主義的計算，不就演變成前述韋伯所謂的「目標理性的行動」嗎？對儒家而言，尤其是孟子，服從不是應該乃道德感召的結果嗎？何以在此竟成為了自利行為？這其實是儒學中爭論不休的難決問題。筆者將在下一章中再詳細處理。在此，可以先簡單地說，即道德決斷固然不以功利為「存心」，但也無須排斥仁義所帶來的功利「結果」。這就好比一個藝術家，雖然不計代價地為追求美學而委身，卻也樂見其藝術作品能賣得一個好價錢。好價錢從來不是他投身藝術的「存心」，卻是值得歡迎、甚至期待的「結果」。

同樣地，統治者的仁政之德，固然因造福人民而有強化服從意願的效用，但不能將它與「存心」層次相混淆。它雖然值得歡迎、甚至期待，還可以作為服從上輔助性的誘因，卻不能取代道德作為一種Sollen「應該」本身的內在感召力，成為服從的真正「存心」。

第三、在道德型支配下，統治者本身同樣必須服膺於道德規範。這也是臣民願意服從的重要理由。儒家屢屢要求統治者為道德表率。所謂「君子之德風，小人之德草，草上之風必偃」（論語・顏淵）。「知所以修身，則知所以治人」（中庸）。荀子則更將修身等同於治國，所謂「聞修身，未嘗聞為國也」（荀子・君道）。對下位者而言，既然最高統治者都必須「唯德是從」了，自己的服從就更加理所當然。

這也充分表明了在服從上真正的最終權威，其實是道德本身，而非統治者。此一本質的轉變，為服從帶來了巨大的正當性。因為它將對「統治者作為一個角色」的服從，轉化昇華為對「道德作為一種價值理念」的服從。

這其中還存在著一層反論。經常，道德淪為統治者的工具。上位者權謀地將自己的私欲和利益包裝成高貴的道德，或者是企圖讓臣民在道德的教化下因溫良恭儉讓而易於管理控制。但儒家的原始理念，卻是期望道德藉由統治者而履踐推廣，俾能邁向「天下歸仁」（論語・顏淵）的最高目標；或者是說，讓每個人都成為道德的主體，創造出道德的共同社群。如此一來，相對於道德，統治者反而只是工具了。

史華慈說得好，無論是君抑父，其所以在整個體制中被賦予隆禮榮銜，根本的意義是要他們成為「道德模範的施為者」（an

agency of moral example）（Schwartz, 1964: 5, 10）。這意味著君父對於道德既要履踐推廣，也得承受道德評估。而「道德作為一種價值理念」乃根源於天道，並非統治者的意志或命令。「統治者作為一個角色」並沒有多少詮釋空間和權力，他被賦予的毋寧只是忠實地去作表率和佈施。

最後，道德型支配的第四個基礎，在於服從的範圍是局部的，而非無限的義務。那服從的界限又在哪裡呢？當然就是統治者行為與命令本身的道德性了。誠如在前述中所曾討論的，儒家雖有君權天命以及藉天抑君的思想，導致了兩重面向的卡理斯瑪特質。一方面聖化了天子，賦予其為天的委任者角色；另一方面，只要統治者是仁道的，順從他們就有如順從天一般地「應該」。但仁道的存在也使得它並非純粹的卡理斯瑪型支配。因為服從的前提必須是君主的行為符合仁道。儒家因此絕不肯定法家那種「毋稱堯舜之賢，毋譽湯武之伐，毋言烈士之高，盡力守法，專心於事主」的「忠臣」（韓非子·忠孝），也拒絕所謂「夙興夜寐，卑身賤體，竦心白意」的投降式服從（韓非子·說疑）。

儒家相信，統治階層必須不斷證明自己在道德上的無瑕與高貴，才能繼續維持其權威；而一旦證明失敗了，就即刻面臨統治正當性的危機。更重要的是，此一「道德上的無瑕與高貴」，固然有一部分是基於被治者的主觀認定和自由給予，但更多時候，就譬如「禮」，由於存在著對某些道德規範的社會共識，它會好像法制型和傳統型支配一般，有其相對而言的客觀標準。這對於服從動機當然有顯著的效用，因為，對於大多數的下位者而言，除非是卡理斯瑪型支配，一種「全面而無限」的服從，不僅令人高度不安，更強烈意味著尊嚴的喪失、甚至是自我與靈魂的出

賣。而服從義務的有限性，正可以祛除此一心理障礙，提高服從
的意願。

　　這四個基礎似乎能夠說明道德型支配何以具有正當性效果，
並因而作為一種長治久安的服從動機。從現代政治理論來看，它
有其深刻價值。譬如，不少學者批評韋伯將法制當作一種正當
性，但許多統治集團卻總可以天衣無縫地控制議會，完全合法地
包裝自己的邪惡和剝削。施米特（Carl Schmitt）因而聲稱，法制
之上應該要有更高的權威，才能承認法制的正當性（Schmitt著，
2003：254；Habermas著，1994：128-133）。試問，這個更高的權威是
什麼呢？當然，道德絕對是最重要的答案之一。也就是說，法律
必須是道德的，不能以其實證性的程序規則為已足。這毋寧吻合
了道德型正當性的訴求。

　　儒家的支配理論當然有其困難、不足和缺點。譬如，當有人
比主政者更有德時，是否就應該取而代之呢？如此，道德型支配
不是會帶來嚴重的政治動盪嗎[16]？再者，它是否會演變成唯仁是
從或泛道德主義[17]，並壓抑社會的公平正義以及多元發展呢？又是

---

16 依筆者所見，按著儒家道德型支配的理路，確實道德較次等的主政者應該由
　道德較高等者取而代之，這樣才堪為天下人的道德表率。但這畢竟只是「理
　念類型」，在現實層次上，儒家可能有兩個處理原則。其一，對於那些只是
　在道德上相對不夠高尚者，應該是期待他能不斷自我提升，而非由更有德者
　取而代之。畢竟，政權更替是帶有昂貴社會成本、甚至政治動盪風險的。其
　二，對於那些根本是失德虐政、並屢屢勸諫而不聽者，儒家期待的恐怕就是
　取而代之了。當然，孔子與孟荀在此方面又有差異。孔子終其一生未能肯定
　革命，而孟荀則肯定湯武之行。

17 這裡必須分辨清楚。從「純粹類型」的方法學上來看，道德型正當性本來就
　是筆者將道德此一儒家支配理論中最核心的概念加以抽離和強調，而後投射

否導致了只能期待經由道德性的內在途徑來淨化權力，而無法從外在制度形成抗議性的權利實體呢？儘管在現實政治中有許多統治者失德虐民，而儒家也每每為此呼喊奔走，但即使再多的失望和挫敗，儒家始終不改對統治者道德的期待，而未能發展出對統治者監督和制衡的設計。這些議題都值得進一步探討，但已非本章的焦點了。

拙文的研究至此，對儒學作為一種統治原理所涵蘊的支配理論，在本質上已經有所釐清和定位了。這是韋伯深感興趣、多次提及、卻未能清楚回答的問題。本章是否完成了其未竟之業的若干部分，填補了學術史上的此一遺憾呢？而筆者根據於儒家支配理論所抽象和試擬出的道德型正當性，又能否作為對「韋伯學」中關於正當性類型的初步質疑和突破呢[18]？這就有待學界進一步的評估和深化了。

出來的心智建構，它並不就是等於儒家的整體或全部。換言之，道德型正當性並未否定儒家具有道德之外的其他價值面向。道德型正當性既不就等於、也不必然意涵泛道德主義。

18　必須附帶說明的是，對於韋伯有關正當性類型架構的全面檢討，並非拙文在本章的使命及目的。

第四章

理念類型的對話：
義利的四種模式

楔子

韋伯的精采不只在經濟倫理，也不只在支配類型，他還是方法學上的大師。對於文化學科中的客觀性、價值參照，以及理論建構，他都有重要貢獻。而其中最有代表性、引人津津樂道的，莫過於理念類型的創建了。而這對於儒學的研究可以有什麼助益呢？它能夠讓吾人更妥善地處理過去未能釐清的某些課題嗎？

在筆者研究儒學的過程中，發現孟子的「義利之辨」不僅開啟了後世有關義利之間的持續爭論，更也高度影響了中國思想在面對現實利益時的態度。但遺憾的是，學界對孟子義利之辨始終充斥著許多混淆、模糊和爭辯。面對林林總總、各式各樣有關其義利關係的描述，筆者自忖，或許韋伯的理念類型會是一個不錯的工具，可以將它們有效釐清、辨別和重組，並定位出孟子義利之辨的真實動機、原委和意涵。

這就是接下來要討論的「儒家與韋伯」的第四個對話：理念類型的對話。

筆者將依循韋伯的方法學，擬提有關孟子義利之辨的四種主要純粹類型，來作為整章的分析架構。而後逐一分析它們對於釐清孟子義利之辨的真實動機、原委和意涵，各具有怎樣的適切性與解釋力？最後的結論得出，孟子在動機或存心的層次上是高濃度的「以義斥利」類型；而在結果的層次上，則是「義以生利」的類型。至於「先義後利」和「義即公利」這兩種模式都面臨了困難，並不適用於解釋孟子的義利之辨。

前言：純粹類型的應用

在政治決策中的道德與利益之間，該怎樣調和呢？自古迄今，這始終是一個充滿爭議的課題。有人非常務實地以利益——或所謂的成本效益分析——為依歸。有人則高舉道德的大旗，鄙棄任何利益思考。當然，還有人試圖將兩者平衡或協調；至於平衡或協調的方式，則又各有巧妙不同。此一課題的難決，不只影響決策取向，也直接導致了對政策評價的差異。譬如，有人會根據於價值理念而批判某些政策違背道德，有人則從利益的實際分配結果來抨擊政策失敗。

孟子政治思想中的「義利之辨」，所牽涉的正是這樣一個爭議性課題。原本，在孔子的思想中，並不多談到人性；而「仁」也只是表現在君子身上的一種德行。但到了孟子，他從「不忍人之心」的「人皆有之」（孟子・公孫丑上；梁惠王上）出發，將道德轉化為一種普遍的人性，並且還是用以區別禽獸的第一特徵。這致使道德開始具有了一種建立在人性基礎上的必然性。它不僅無可動搖、輕忽或丟棄，更是人之所以為人最重要的使命，也是衡量每個人一生成就的標準，並賴以構成了社會和國家的終極目標。它甚至還意味著道德對於任何一個人，在任何情況下，都具有絕對最高和第一優先的排它性地位。

而就在此一人性基礎的必然性上，孟子進一步申言了著名的義利之辨。雖然後人對其仍有若干不同的理解和評價，但基本上，它不僅開啟了後世有關義利之間的持續爭論[1]，更也相當程度

---

1 按照黃勇的看法，在中國歷史上曾經出現過三次「義利之辨」的爭論高潮：分

決定了中國思想在面對現實利益時的態度。朱熹就明白指出，「義利之說，乃儒者第一義」（1972：與延平李先生書，卷二四）。它對於中國的政治、經濟，乃至社會和文化，都帶來了巨大影響。

　　長久以來，學界對於孟子義利之辨的討論和研究，其實頗為豐富，也累積不少成果。但遺憾的是，在筆者看來，釐清的程度仍有所不足，而且，似乎還存在著若干誤解和未決的難題。本章試圖予以再思，並期望能夠在一個新的架構下，對孟子的義利之辨重新定位。

　　本章進行的策略比較特別，或許對不少人而言也頗為陌生。筆者採用韋伯的方法學，建構了有關孟子義利之辨的四種主要「純粹類型」。第一種是屬於「取代模式」的「以義斥利」；第二種是屬於「條件模式」的「先義後利」；第三種是屬於「化約模式」的「義即公利」；第四種則是屬於「因果模式」的「義以生利」。它們各自的涵義、訴求和主旨，以及彼此之間的差異，將在後續的正文中，隨著對孟子義利之辨的各種論述之分析，而漸次逐一地展開，為避免重複和節省篇幅，在此暫時不加細述。

　　但筆者必須說明的是，為何要採用純粹類型的研究方法？這主要是有鑑於，學界對孟子義利之辨的討論，始終充斥著諸多義利關係的模糊描述。譬如以義斥利、以義代利、先義後利、後義而先利、利而後可義、以利天下為義、以義制利、以義詘利、以利佐義、以義主利、義以生利、義中之利、利在義中、義利交

　　別是春秋戰國時期的義利之辨；兩漢以鹽鐵會議為中心的義利之辨；宋代時期二程和李覯、王安石、朱熹和陳亮所開展的義利之辨。並且經過這三次爭論，已將義利論滲透於社會經濟生活和日常人倫中（1998：30）。

融、義利相容、義即公利、義以建利、義利相生、仁義之為利、義者利之本、義者利之和，或是利者義之和也等等。如此林林總總、各式各樣的語彙和論述，固然表現了撰述者的洞見和創意，但確實令人難以捉摸和掌握。這激起了筆者將它們予以釐清、辨別和重組，並建構起純粹類型的企圖。

純粹類型的方法學，其好處就是從一開始就強烈要求，對相關概念與類型作出足夠的釐清與妥善建構。但這只是它的最基本工夫而已。更高的標準是此一釐清和建構還要能達到尖銳化的「純粹」地步；如此才能藉由對照出與經驗實體之間的「距離」而發揮效用。韋伯說得好，純粹類型「愈是尖銳而明確地被建構出來，意味著它愈遠離真實的世界，但在這層意義下反而愈能夠善盡其責」。即經由對照所呈現的「距離」而「使我們更容易獲得關於行動者真實動機的知識」（Weber著，1993：43-45）。

筆者的企圖也同樣是如此，一方面期望經由四種純粹類型的建構過程，能夠釐清、辨別和重組上述有關義利關係的各種令人難以捉摸和掌握的描述；另一方面，則希冀藉由對照出孟子或學者們有關義利之辨的論述與這些純粹類型之間的「距離」，而更能夠掌握孟子義利之辨的真實動機、原委和意涵，並予以清楚定位。

當然，純粹類型的採用有其風險；它經常被誤解和錯用，並因而招致若干其實可以避免的批評。但所幸韋伯已經為此一方法學奠定了良好基礎。以下，在吾人開始討論正文之前，有兩個方法學上的重要提醒必須先行交代。

第一、韋伯指出，純粹類型是研究者主觀而有所選擇性地建構出來的，所根據的主要是其個人的「理論旨趣」；而若研究者

改以不同的視角和目的，經常，原來所建構的純粹類型就不適用了。這意味著純粹類型的建構並不企圖「涵蓋」或「窮盡」探討對象之相關範疇的所有內容。就以本文為例，只討論了「以義斥利」，卻沒有探索「以利斥義」；只分析了「先義後利」，卻只有局部地談到「先利後義」；只說明了「義以生利」，卻未曾觸及「以利生義」。筆者雖然建構了四種純粹類型來作為分析架構，但它們只是主要的──而非所有的──類型。它們既不涵蓋、也未窮盡義利之間的所有關係或各種複雜情況。

那麼，筆者作出選擇的根據或緣由又是什麼呢？

首先是筆者發現，在前述諸多義利關係的模糊語彙中，有不少是意涵相近、可以歸類的。譬如，以義制利、以義詘利、以義代利，所意指的大概就是「以義斥利」。而以義主利，強調的是義相對於利的優先性，它並沒有將義利置於對立面，很類似於「先義後利」。至於以利天下為義、義者利之和，大致可以歸類為「義即公利」，因為它們指的都是公利。還有義中之利、利在義中、義以建利、仁義之為利、義者利之本、義利交融等，則可以歸入「義以生利」的範疇或其變型。

但更關鍵的理由是，在相關論述中屢屢出現又最富爭議性的，正是孟子的義利之間是否互斥、義利的先後優位性、公利是否也在排斥之列、利是否為義的結果，以及此一結果又是否為義的動機等等的問題。而隨著進一步的探索與思考發展，它們就逐漸形成筆者在建構純粹類型時主觀的理論旨趣了。筆者強烈地想去釐清這些屢屢出現又最富爭議性的問題。

這正代表了筆者在撰寫本章時的「問題意識」。不過，對於此一問題意識的解答途徑，筆者捨棄了只是對文獻中既存論述的

匯合歸類，反而刻意選擇了難度較高的對純粹類型的新建構。對既存論述的匯合歸類，只是筆者的心路歷程，它為純粹類型的新建構奠定了理解基礎；進一步的突破，是扣緊和掌握理論旨趣，從既存的各種論述類型中抽象出若干特定成分，並加以強調，建構創設出純粹類型來。這意味著本章對於義利之間的四種純粹類型，並無法只是從文獻回顧中直接歸納而得，還必須有一個抽象、強調和建構的推導過程。

其中特別重要的是所謂的「強調」，它指的是將抽象出來的成分予以尖銳化，達到一種「純粹」的地步。這正是筆者第二個必須先行交代的重要提醒，即本章的四種類型在建構的過程中都經過了純粹化的。它們都是所謂的「理念類型」。借用韋伯的話來說，從概念上的純度而言，純粹類型的本身無論在何處都不能經驗地發現其可以對應或等同的實體，此一類型只是概念設計上的理想境界而已[2]（Weber, 1968: 497）！這意味著孟子或學者們有關義利之辨的論述，作為一種經驗實體，都與這四種純粹類型有某種「距離」；更正確來說，它們在這些純粹類型的成分上毋寧是混雜

2　必須提醒的是，這段話強調的只是純粹類型的本身不應當拿來對應或等同於某一經驗實體，並非說純粹類型沒有經驗意涵，不涉及經驗世界或實際運作情形。基本上，純粹類型是對某些經驗事物之若干成分的抽象，並加以強調（尖銳化到純粹的地步）而設製的心智建構。就譬如「理性人」即是一個純粹類型。就概念上的純度而言，無論在何處都不能經驗地發現一個可以對應或等同於此一純粹類型的活生生的人；但一個活生生的正常人，又都或多或少有依照理性行為的時候。「理性人」就是從這樣的經驗事實中，將人的理性面抽象出來並加以尖銳化到純粹的地步而建構的。它既是經由心智創造的理想境界，又同時依據了有經驗意涵的事物或現象。上述說明可進一步參見易君博在這一方面的說明（1977：55-79）。

的。

　　在此，或許有人會問，為什麼孟子或學者們有關義利之辨的論述可以被當作一種經驗實體，而來衡量它們與本文四種純粹類型的「距離」呢？筆者可以借用涂爾幹在方法學上富於創意的貢獻來回答這個問題。他指出，無論是風俗或儀式等的社會現象、宗教經典或歷史文件，乃至於研究柏拉圖的一部作品，都可以當作是屬於經驗世界、外在於個人意識的「社會事實」（social fact）（Durkheim著，1990：28-29，100-104）。當然，涂爾幹所謂的「社會事實」有其獨特的語意脈絡及內涵特質，並不能完全類比、契合應用於本文。但它卻給予了吾人一個啟發，即行動者（或作者）的主觀動機或意識，若它們一旦被表述或記錄，就可以被當作是屬於經驗世界、外在於個人動機或意識的存在。它們開始有了屬於自身、脫離行動者（或作者）主觀動機或意識的發展與邏輯。

　　譬如，馬克思表述了共產主義。但爾後的歷史中，共產主義出現了一個外在於馬克思之動機或意識的存在面向。它在經驗世界中「客體化地」被史達林、毛澤東、政客和社會人士們使用和轉化，開展了屬於它自己（甚至馬克思本人都感到陌生或不願意承認）的變遷。基於此，本文因而也同樣指出，孟子或學者們有關義利之辨的任何論述，固然是一種表達動機或意識的理念層次之物，但就其作為一種既定的成果而言，也可以被視為一種經驗實體，並「客體化地」被拿來衡量它們與本文四種純粹類型之間的「距離」。

　　不僅如此，筆者還要沿用韋伯前述的話而進一步提醒，孟子或學者們有關義利之辨的任何論述，它們作為一種經驗實體，不當被拿來試圖去對應或等同本章所提的任何一種「理想型」。因

為，後者在成分上是純粹的。無論是所謂的取代、條件、化約或因果模式，以及各自所呈現的純粹類型，其訴求和主旨都已經在概念的純度上徹底被尖銳化的，因而彼此之間的差異是涇渭分明、不容含混的。但前者，即孟子或學者們有關義利之辨的任何論述，它們作為一種經驗實體，在成分上卻是混雜的。很有可能某一學者對孟子義利之辨的解釋，在不同的層次或剖面上，會出現分別傾向於不同純粹類型的情形。

在本章後續的分析中，吾人將會發現，情況確實就是如此。有些學者在抱持「先義後利」來定位孟子之際，卻同時表達了若干屬於「義以生利」的論述；另有些人則將「義以生利」和「義即公利」混淆，並列來解釋孟子的義利之辨；甚至，有的學者竟同時根據這兩種互有差異的類型，而將孟子詮釋為效益主義（utilitarianism）。事實上，本章最後對於孟子義利之辨的結論，在定位上也同樣是混雜的。即認為孟子在不同的層次或剖面上，呈現出了屬於不同純粹類型的特質。

交代了這兩個有關純粹類型在方法學上的重要提醒後，應該多少可以避免掉一些對拙文在分析架構上的質疑和批評了。接下來就進入正文，逐一來分析孟子的義利之辨具有哪些純粹類型的成分？又在哪些層次或剖面上比較傾向於哪一種純粹類型？如何地混雜？

壹、取代模式：「以義斥利」

首先，吾人可以從屬於「取代模式」的「以義斥利」開始。簡單而言，此一類型就是強調義利之間無可化解的矛盾衝突。它

最純粹的特質是，在義利之間，無論是目的價值的選擇，抑或是屬於工具理性的思維方式，都鋪陳了幾乎沒有妥協餘地的二元對立格局。它要求完全站在動機或存心的層次，但問道德上的「該不該」，而拒斥以結果層次上的理性計算、機會和風險的評估，來作為決策或行動的依據。

在許多學者的詮釋下，孟子的義利之辨正是極高濃度的「以義斥利」類型。孔子雖已明言「君子喻於義，小人喻於利」（論語・里仁），又說「見利思義」、「義然後取，人不厭其取」（論語・憲問）、「不義而富且貴，於我如浮雲」（論語・述而）。但孔子只是在對比君子與小人兩種不同的生命態度、以及要求在合乎「義」的前提下來謀「利」，尚不至於發展到「以義斥利」的程度。

按照黃俊傑的考證，在《尚書》和《詩經》這些早期文獻中，「義」的概念從未涉及人的價值自覺或意志自由，而孔子不僅延續了傳統，將「義」視為「宜也」（中庸・第二十章），更將「義」與「君子」觀念結合。黃俊傑相信，透過「君子喻於義」、「君子義以為質」（論語・衛靈公）這些話，孔子非但強調了「義」的內在性和普遍性，也觸及到了人的價值自覺或意志自由的問題（1986：121）。

但孔子雖有這些突破，他最重大的訴求毋寧還是尚「仁」，並以其作為道德最核心的內涵。讓「義」這個概念獲得更重要發展的，無疑還是孟子（袁保新，1992：137）。根據陳大齊的研究，孟子的「義」可以歸併為「羞惡之心，義也」（告子上）和「義，人之正路」（離婁上）兩句話。前者指的是「義」即有所羞惡而不願為的念頭；後者則謂「義」乃人人所應由的正路（1987：273-276）。信廣來的看法或許最有參考價值。他認為孟子的「仁」內

在於人的心，而「義」則是給人的一條路（path）。殺一無辜是不仁，取不屬於我之物則是不義。「仁」關乎心的「不忍」，而「義」則屬於「不為」。「仁」強調一種情感上對別人的關心，既不願傷害別人，也不能忍受別人的受苦。而「義」則強調律己，委身於某些道德規範，一方面拒絕用不當的手段去獲取所得，同時也不接受別人不當的餽贈和給予（Shun Kwong-loi, 1997: 63）。整體來說，「義」與「仁」並列為孟子道德理論的兩大支柱。其中，「仁」為道德的本體，主要是以一種心性而存在。「義」則可以解釋為「仁」此一心性本體——包括有惻隱、羞惡、辭讓及是非之心等——在各種不同情境與相互關係下，經由對其合宜和適當性的判斷，所呈現出來的一條正路。

那麼，孟子又是如何將「義」的概念予以徹底闡揚呢？首先，最有代表性的，應該就是孟子挑戰梁惠王的那一番話了。「王何必曰利？亦有仁義而已矣。」孟子警告他，如果從王、大夫到士庶人，心裡想的都是怎樣對自己的國、家和身有利，結果將是無止境的篡弒（梁惠王上）。因為對你的臣下來說，殺掉你而後取而代之，正是他們最大的利益。

孟子又在另一處說道，「雞鳴而起，孳孳為善者，舜之徒也。雞鳴而起，孳孳為利者，跖之徒也。欲知舜與跖之分，無他，利與善之間也」（盡心上）。這個區別二分說得直接而坦白，沒有轉圜空間，即好人與壞人只有一個不同，就是追求善抑或利。

還有一次，陳代建議孟子，為何不委屈自己，主動謁見諸侯？若能被重用，可以致王霸。這就好像「枉尺而直尋」，即彎曲一尺，伸直時變成八尺。似乎很上算，「宜若可為也」。孟子回答，志士固窮，願意死在溝壑；勇士輕生，早就準備好斷送頭

顯。人若是可以因為利而「枉尺直尋」，那不也可以因為利而「枉尋直尺」嗎（滕文公下）？在此，孟子所表達的憂心是，如果為了現實利益而可以委屈一下人格志節，終將有一天，也會為了現實利益而在人格志節上作出更大妥協[3]。

孟子上述的言論可以視為從「義」的道德信念對貪圖利益的反對。但他並未停留於此。他更強烈的立場表現在對宋牼的責難上。宋牼秉持著類似墨家非攻的理念，辛苦奔走，要為楚秦兩國分析交戰的利弊得失，卻遭孟子批評其志向雖然偉大，遊說的理由卻不當。孟子指出，就算遊說成功、雙方罷兵了，反而會強化全國上下「懷利以相接」之心。他要求宋牼改以仁義來遊說，讓全國上下都「懷仁義以相接」（告子下）。

此一對話的重大意義在於，孟子已經擴張了其義利之辨的適用範圍。他不僅反對國君為貪圖利益而戰，宋牼這個好人從利弊得失去勸和，他竟也反對。然而，不容混淆的是，「貪圖利益」乃一種價值選擇，「衡量利弊得失」卻是一種思維方式。前者將利益當作一種目的價值來擁抱，而後者只是在作出決策之前的考慮過程中，工具性地將利益當作計算或比較的單位。它的目的乃衡量得失、機會和風險，當事人未必就將利益視為目的價值來信

---

3 李明輝對這一則故事的解釋與筆者稍有不同。他認為「這很典型地表現了存心倫理學的態度，即不根據任何有關後果的考慮來決定義之所以為義」（2005：128-129）。但筆者認為，孟子在此反對的是為利益而委屈志節的態度。它反映了道德人格在面對利益時的妥協和軟弱。因此，孟子才會在前面先說「志士不忘在溝壑，勇士不忘喪其元」。這則對話的重點，應該不是存心倫理學抑或後果考慮的抉擇問題，而是因貪圖利益而犧牲人格志節的問題。詳見本文後述的對比和討論。

仰或委身。

打個譬喻來說，「貪圖利益」指向一種鑑賞層次的個人直接經驗，它期待品嘗利益的滋味和果實，它滿嘴油膩、連啃帶舔地，想要擁抱利益所帶來的快感和飽足。而「衡量利弊得失」卻是在個人直接經驗之外、一種超然而疏離的技術取向活動。它不直接給你利益的滋味和果實，只是對利益的滋味和果實作出屬於「工具理性」的客觀分析[4]。

這充分揭示了一個重大關鍵，即以「衡量利弊得失」為思維方式的人，未必在衡量之際懷抱有「貪圖利益」之心；而反過來，「貪圖利益」的人，也未必在貪圖之際秉持「衡量利弊得失」的思維方式。前者如追求兼愛、非攻和萬民福祉的墨家及宋牼；後者則如許多因貪婪而失去理智的人，他們經常因眼前的利欲薰心而不顧後果的悲劇。

孟子的一概反對，確實呈現了最高濃度的「以義斥利」類型。它最強烈的特質並不只是反對「貪圖利益」，而是即使你從不「貪圖利益」，但只要訴諸於「衡量利弊得失」的工具理性，並以其來作為決策或行動的依據，都會如宋牼一般地遭到孟子的

---

4 筆者此一段落的靈感來自於科學的哲學家納格爾（Ernest Nagel）。他將價值判斷區分為兩種：「賦予特質的價值判斷」（characterizing value judgments）與「作出評價的價值判斷」（appraising value judgments）。前者是對某些眾所確認的特質，在一既定場合下呈現或不呈現的程度，表達出一種估算或評定（estimate）。至於後者，則是由於個人委身於某個道德或社會理念，而對某些道德或社會理念，或某些行動或制度，表達出讚揚或責難的語詞或態度（Nagel, 1968: 104-105, 107）。這當然與筆者所討論的對象有所不同，但精神上卻十分相近，可以作為一種有用的譬喻。

責難。雖然吾人不能說孟子將「利」都視為惡，但至少在此，「義」這個概念大幅高張了。它不只是一種賴以信仰和委身的目的價值，也徹底干預介入、凌駕並支配了屬於工具理性的思維方式；它要求完全站在動機或存心的層次，但問「義當為與不當為」（程顥、程頤，1966：卷十七），而拒斥以結果層次上的理性計算、機會和風險的評估，來作為決策或行動的依據。

　　無怪乎學者普遍認為，孟子表現了康德式的「義務論倫理學」[5]（李明輝，1990：147-194；2001：45-47）。也就是說，要在動機或存心上純粹地訴諸於仁義本身的說服力；並且，認定行為是否道德的關鍵，不在於其結果，而在於動機或存心（楊國榮，1993：112-113；譚宇權，1995：362）。孟子和康德都相信，道德直接訴諸人們的良心律則，是完全不需要理由的驅迫與無上命令，其本身就有要求遵行的內在感召力。動機或存心上的「應該」（Sollen）乃良心的呼聲，而隨良心之呼聲而後的反應，則是一種屬於自由選擇的「願意」（Wollen）。它換來的是內心的無比安寧（鄔昆如，1975：450）。

　　在孟子批評告子的「義外」之說時，已經為上述立場奠定基礎了。告子聲稱，尊敬長輩的原因就在於其年長，不論是楚人的長輩或自己的長輩，都緣因於年紀此一外在事實。這意味著「義」是由外緣引發的，或者說，是受到了外在因素所致。但孟

---

5 筆者必須承認，這個看法是有爭議性的。譬如黃進興就認為，孟子的四端說基本上是以「道德情感」為出發點，並且還將此一特色表現得最清楚。而這與康德將道德建立在先驗的普遍理性上根本不同，也還落在「道德它律」（moral heteronomy）的範疇。因此，對於將孟子與康德類比，黃進興並不能接受（1994：4-24）。

子不以為然。如果「義」乃緣因於年紀此一外在事實，那為什麼我們不會去尊敬年長的馬呢？後來，在答覆公都子時，孟子說得更確定了。雖然尊敬長輩的先後與方式，會因外在環境和不同對象而有所差異，但對於何人與何時該如何尊敬，這種「因時制宜」的當下判斷[6]，關鍵還是來自於內在的心（告子上）。

　　孟子的此一回答，其實對《中庸》所謂「義者宜也」作出了最佳詮釋。因為，對於何人與何時該如何尊敬，這種因時制宜的當下判斷，正就是「義」的核心課題。而此一「適宜性」的判斷，孟子相信，乃根源於內在的心，而非依緣於外在條件（黃俊傑，1986：125；2006：123-124）。「君子所性，仁義禮智根於心」（盡心下）。孟子故而歸結，「義」非由外鑠我也，乃「我固有之」（告子上）。

　　對此，黃俊傑稱之為「價值內在」的預設（1986：127）。但在吾人看來，其更深刻的意涵，毋寧是將「義」視為其自身最完整的理由，它不假任何外在的、經驗性的因素來加以「證成」（justification），當然，更無須訴諸結果層次的利弊得失，或墨家那一套所謂的報應。好人最幸福的酬償，即他是一個好人；壞人最悲慘的報應，即他是一個壞人。善的本身，就是給堅持它的人最大的滿足；惡的本身，也是給擁抱它的人最大的懲罰。無論是善或惡，都是它們自身存在最充足的條件。善，已經是最美好了，何須結果層次上的善報？惡，就已經最悲慘了，不必計算加

---

6 此處所謂「因時制宜」一詞乃根據於朱熹。對於孟子所說的「庸敬在兄，斯須之敬在鄉人」，他的註解是「庸，常也。斯須，暫時也。言因時制宜，皆由中出也」（1952：告子章句上，卷六）。

減後是否惡報。

孟子在思維方式上的此一態度始終旺盛，毫無妥協。「義」既然在道德上自足、又基於「價值內在」而自我證成，那麼，決策所依據的判斷，當然就只在於動機或存心上的善[7]。因此，無論經驗世界的現實如何困難，都要「義」無反顧地予以超越。典型的一個例證是，某次，孟子提出了若干輕賦稅的主張，宋國大夫戴盈之表示現階段有困難，可否採漸進的和緩方式，來年再落實？這樣一個權宜性的考量，從現代的政治決策來看，是再合理不過了。但孟子卻不客氣地諷刺道，有人每天偷鄰居一隻雞，被批評為「非君子之道」，他於是說那就逐步改善吧！現在先改為每月偷一隻雞，等到明年就不再偷了。孟子申言，「如知其非義，斯速已矣，何待來年」（滕文公下）。這則對話的意涵非常強烈，徹底表露出「義」純粹乃一個道德是非的問題，在思維過程中，它只有對錯與否的當下抉擇，完全沒有訴諸現實上手段與目標、策略與步驟、機會與風險，或是後果的利弊得失之類的空間。

---

7 筆者在本章中將一再地從所謂的「動機或存心」上來解析孟子，但必須說明的是，它並不就是儒學中的「心性」概念。儒學中對於「心性」的看法一直存在著分歧和爭論，筆者在此無意介入。但基本上，「心性」概念是對人的性情或性格特質的一種總稱，廣義地包括有理性、氣（欲望）或道德情感。「動機或存心」只是其中的一個分析層次或觀察面向而已！既不能等同、也不是源自於儒家的『心性』概念。本章所謂的「動機或存心」乃取徑於韋伯對「信念（或譯為存心）倫理」與「責任倫理」的區分脈絡。前者是指行動只忠於動機層次上的良知信念，不考慮行動的結果。後者則恰相反，行動根據於後果層次上的利弊得失判斷，並依此來評斷及承擔相關當事人的責任。更多的細節請詳見下一章的討論。

從上述的整個分析可見，在義利之間，無論是目的價值的選擇，抑或是屬於工具理性的思維方式，孟子明顯鋪陳了幾乎沒有妥協餘地的二元對立格局。他甚至以殉道的精神來堅持「義」的絕對性。所謂「生亦我所欲也，義亦我所欲也，二者不可得兼，捨生而取義者也」（告子上）。他還要求國君，「行一不義，殺一不辜，而得天下，皆不為也」（公孫丑上）。這充分意味著，即使為了再偉大的成就，都不容有半點對「義」的污染。

貳、條件模式：「先義後利」

當然，孟子如此高濃度的「以義斥利」類型，引致了許多爭議。司馬遷讀孟子時屢次「廢書而嘆」（史記・孟荀列傳），大概也是有感於此。可想而知的是，若干試圖予以平衡或協調的論述因應而生。事實上，在孟子的言論中，不僅還是有所言「利」，甚至占了很多篇幅。譬如，他極為重視民眾的利益，大聲疾呼國君必須養民，要「制民之產」；他還細心規劃了國君照顧老百姓利益的具體做法，包括「不違農時，……數罟不入洿池，……斧斤以時入山林」，俾能留下可供人民取用的自然資源。此外，「五畝之宅，樹之以桑」，讓「五十者可以衣帛矣」；還要「雞豚狗彘之畜，無失其時」，為了是「七十者可以食肉矣」。他更從稅制著手，主張推行什一的畝稅制，以減輕小農的經濟負擔（梁惠王上）。

從這些訴求來看，怎能說孟子不言「利」呢？然而，他不是一再申言「何必曰利」，並在義利之間，無論是目的價值的選擇，抑或是屬於工具理性的思維方式，都鋪陳了幾乎沒有妥協餘地的二元對立格局嗎？面對孟子這兩種似乎相反的思想取向，吾

人該如何協調與解釋呢？

不只如此，讓吾人更為困惑的是，孟子屢屢訴諸稱王於天下的功利效果，來說服國君施行仁政。所謂「不嗜殺人者能一之」；「老吾老，以及人之老；幼吾幼，以及人之幼。天下可運於掌」（梁惠王上）；「懷仁義以相接也。然而不王者，未之有也」（告子下）。甚至，孟子還對統治者誘之以戰爭的勝利。「以天下之所順，攻親戚之所畔；故君子有不戰，戰必勝矣。」他還說道：

> 尊賢使能，俊傑在位，則天下之士皆悦而願立於其朝矣。市廛而不征，法而不廛，則天下之商皆悦而願藏於其市矣。關譏而不征，則天下之旅皆悦而願出於其路矣。耕者助而不稅，則天下之農皆悦而願耕於其野矣。廛無夫里之布，則天下之民皆悦而願為之氓矣。信能行此五者，則鄰國之民仰之
>
> 若父母矣。率其子弟，攻其父母，自生民以來，未有能濟者也。如此，則無敵於天下（公孫丑下）。

孟子類似的言論甚多。然而，他不是強烈地反對衡量結果上的利弊得失，要求完全站在動機或存心的層次，但問道德上的「該不該」或「義當為與不當為」嗎？其中的矛盾又該協調與解釋呢[8]？

---

8 伊諾（Robert Eno）曾提出一種特別見解，認為《孟子》一書主要想表達的，不是具有哲學一致性的道德理論，而是要凸顯孟子此一大人物和賢哲作為道德權威的性格特質。它要強調的是道德典範，不是道德規則。伊諾指出，《孟

　　屬於「條件模式」的「先義後利」是第一種協調與解釋。它最純粹的特質是仍保持了義利之間的二元格局，但強調兩者不是「非此即彼」的取代和對立關係，而只是一種價值優位上的輕重緩急而已。無論是國君或百姓，在積極實現或消極不犧牲「義」的前提條件下，都可以去追求「利」，而且不拘是公利抑或私利。特別要提醒的是，在動機或存心的層次上，「義」和「利」兩者都是此一類型所同時承認和肯定的。這一點與前述的「以義斥利」類型大有不同。

　　孔子在此一方面的態度應該是最明顯的。所謂「義然後取，人不厭其取。」「不義而富且貴，於我如浮雲。」又說「富與貴，是人之所欲也；不以其道得之，不處也。貧與賤，是人之所惡也；不以其道得之，不去也」（論語・里仁）。無疑地，這些話都肯定了財貨和地位上的利得，只是要求必須以合乎「義」為前提條件。

　　孟子的立場似乎就是如此。他曾經辯護自己的富泰乃得之以道。若「非其道，則一簞食不可受於人；如其道，則舜受堯之天

子》一書中充斥了對道德問題的各式詭辯（casuistry）。其中許多對話毋寧是特定個案式的（case-specific），在解釋上也會因不同的上下文脈絡而有微妙的變化（context-sensitive）（2002: 7-8, 189-190, 193, 195-198）。伊諾相信，在這些對話中，重要的不是在倡導道德理據（arguments），而是在「說故事」（to tell the story），告訴吾人有關孟子這號人物的多方面真相（2002：208）。如果伊諾這種看法是正確的話，那麼，拙文在以下篇幅中試圖尋找孟子論述的一致性，就變成多餘、甚至是錯誤了。不過筆者認為，伊諾所見恐怕是先認定了孟子論述的矛盾性，而後提出對這些矛盾現象的解釋。《孟子》一書固然在凸顯人物的典範性，但建立道德規則應該也是其主要目標。因為，若論理缺乏哲學上的一致性，將會嚴重折損典範人物的道德攝服力。

下，不以為泰」（滕文公下）。當然，不僅是對於富貴的追求，即使是窮人為謀求基本的餐宿，也必須在合乎道德的前提下取得。事實上，正是孟子自己提到了「後義而先利」這幾個字（梁惠王上）。反向而推論，他應該也有「先義而後利」的觀念。

　　從「先義後利」來解釋孟子的學者有不少。典型的譬如李明輝，他就批評柏楊將孟子的義利之辨視為「互相排斥、尖銳對立」乃「嚴重的誤解。因為在肯定『義』的前提下，孟子並未反對人民對於『利』的追求；他甚至將滿足人民生活的基本需求視為王道的起點」（2002：11）。他更明白說道，孟子義利之辨的主張，就是「義」對於「利」的優先性——先義後利；而在肯定「義」的前提下，「容許、甚至往往要求對於『利』的追求」（2002：9）。

　　另一位學者袁保新，在討論了李明輝和蔡信安的辯論後，同樣指出，雖然在〈梁惠王上〉篇中，記載了孟子從現實利害的分析來鑑別「義」與「利」的不同，但是，

> 與其理解為是根據功利主義「最大效益原則」所做的區分，毋寧說是孟子在表達「義」與「利」的關係是先後本末的關係，並且選擇「義」不見得就是否定「利」。……孟子在「義利之辨」的思考中，並無意否定「利」，只是強調「利」的追求應該以「義」為原則，亦即「先義後利」的立場（1992：150）。

　　這種「先義後利」的訴求有一個特點，即它不是在反對或否定「利」，而只是主張「義」相對於「利」的優先性。就以財貨和地位上的富泰或貧賤為例，「先義後利」真正要凸顯的是，在

富泰時要好禮，而貧賤時仍要堅持自我的道德尊嚴（論語‧學而）。利得固然重要，但道德人格更寶貴。畢竟，富泰是生命中可遇而不可求的偶然。面對仕海與窮達的浮沉，寧可選擇立根於人格和心志，就是「志於道，據於德，依於仁」（論語‧述而）。難怪「子罕言利，與命，與仁」（許又方，2002：40）。因此，人的一生若是顯達，要富泰而不驕（論語‧子路；憲問）、「無眾寡，無小大，無敢慢」（論語‧堯曰），並積極地樂善好施。但若是窮困，則要效法顏回，即使在最惡劣的物質條件下，仍充分體現道德光輝；萬萬不可「窮斯濫矣」（論語‧衛靈公）！用孟子的話來說，就是「窮不失義，達不離道。……得志，澤加於民；不得志，修身見於世。窮則獨善其身，達則兼善天下」（盡心上）。

值得注意的是，孟子之所以並不反對或否定「利」，而只是主張「義」相對於「利」的優先性，固然有若干原因，但其中一個至為關鍵的考慮是，孟子認為人民若未能在「利」上有基本程度的滿足，將會導致他們在「義」的實踐上出現困難。這一點在其養民論中流露無遺。筆者必須強調，養民訴求在孟子思想中的意義，絕非只是反映他如何重視民生利益而已！更重要的是，藉此，他將民生利益與道德教化連結了起來。

孟子一再宣稱，若無恆產，則無恆心；而「苟無恆心，放辟邪侈，無不為已。」「是故，明君制民之產，必使仰足以事父母，俯足以畜妻子，樂歲終身飽，凶年免於死亡。然後驅而之善，故民之從之也輕。」否則，「惟救死而恐不贍，奚暇治禮義哉」（梁惠王上）！在另一處地方，孟子又說道，「易其田疇，薄其稅斂，民可使富也。……聖人治天下，使有菽粟如水火；菽粟如水火，而民焉有不仁者乎」（盡心上）！

　　這些話很類似管子的「倉廩實則知禮義，衣食足則知榮辱」（管子‧牧民），也頗為符合馬斯洛（A. Maslaw）的需求階層理論。人總是先得求溫飽、安全，然後才能更上一層樓，尋求友誼、愛情，以及自我實現的滿足。而道德仁義正就是屬於自我實現的層次。在一般情況下，窮困確實讓人難以保有足夠的自覺尊嚴，而自覺尊嚴正是抱持道德仁義之「情懷」所不可或缺的心理狀態。經常，許多人因迫於基本匱乏和生存威脅，以致鋌而走險、作姦犯科。這不正就是董仲舒所謂的「大貧則憂，憂則為盜」嗎（春秋繁露‧度制）？

　　無論是孔子或荀子，都曾倡言國君要富民、要重視民生利益；但唯獨孟子將民生利益與道德仁義連結了起來，認為基本的民生利益滿足乃道德仁義的前提條件。此一主張是別具意義的。因為藉此，孟子在民生利益與道德仁義之間，竟然建構了一種「先利後義」的關係。這真是一種弔詭的演變。孟子原本立足於「先義後利」，闡揚「義」相對於「利」的優先性，要求在合乎「義」的前提條件下來追求「利」。結果，卻在發展之際論證出某種「先利後義」的必要性，即在基本的民生需求上，主張「利」相對於「義」的優先性。它要求在起碼的生活利得已獲滿足的前提條件下，「然後驅而之善，故民之從之也輕。」

　　當然，這裡的「先義後利」和「先利後義」兩者在範圍與層次上都有所不同。首先，「先利後義」僅僅局限於脫離匱乏和貧窮的基本民生需求。它們固然是一種「利」，但對孟子而言，毋寧更是一種「人道」，用以維持起碼的生存尊嚴。它們雖是道德仁義的前提條件，但絕不意味隨著利得的增加，其對提升道德仁義的「邊際效用」也會遞增；甚至可能是相反的，「大富則

驕，……驕則為暴」（春秋繁露·度制），是以「盤庚萃居，舜藏黃金」（鹽鐵論·本議）。總而言之，孟子的「先利後義」只是局部性的原則，絕非可以普遍性地去主張和適用。

其次，「先義後利」中的「利」，基本上屬於動機或存心的層次。只要合乎「義」的前提條件，行動者對於「利」的追求，甚至可以被容許是出於個人的自利心。但「先利後義」中的「利」，在孟子的脈絡中卻是屬於「義」的結果的。即它乃受惠於統治者的照顧，或者說，是國君出於動機或存心的「義」——愛民、恤民、施行仁政——所顧「養」和給予的一種恩德所獲，並非民眾基於個人自利心所追求的結果。用朱熹的話來說，孟子要求的是「凡事不可先有個利心，才說著利，必害於義。聖人做處只向義邊做，然義未嘗不利，但不可先說道利，不可先有求利之心」（1970：孟子一，梁惠王上，卷五一）。

整個來說，孟子的義利之辨雖存在有若干屬於「條件模式」之「先義後利」的成分，但若以之來加以定位，恐怕是稍嫌粗糙的，它在解釋力上有所不足。一來是孟子在發展「先義後利」之際，竟論證出某種「先利後義」的必要。雖然它只是局部性的原則，仍構成了以「先義後利」來定位孟子的障礙；二來是「先義後利」只強調了義利之間一種輕重緩急的關係，未能更細膩而深入地觸及行動者在動機或存心上的差異。到底孟了所肯定的民生利益只能是「義」的結果嗎？或者，孟子根本可以肯定人的自利心[9]？筆者要再次強調，此一「動機或存心」與「結果」之間的辨

---

9 依筆者所見，真正對於自利心的肯定，必須是亞當史密斯的那種論調才算。他說，許多富有的商人「依照天生自私且貪婪的個性」所追求的，只是「他們的

明，始終是孟子的義利之辨最在意的核心課題。而對此，「先義後利」的類型卻無能處理。

叁、化約模式：「義即公利」

進一步地，除了屬於「條件模式」的「先義後利」外，第二種企圖平衡或協調「以義斥利」類型的解釋，就是屬於「化約模式」的「義即公利」。它最純粹的特質是打破了義利之間的二元格局，強調兩者不僅既非對立、也非先後的關係，甚至，在概念或實質上存在著很大一部分的交集、等同或類似性，因而能夠以某種程度或形式來互相化約、轉換或融合；各自的詞彙或意涵也可以彼此對譯、說明。

屬於此一模式的最典型論述，是聲稱孟子所反對的乃私利，而「義」即是公利或天下之大利[10]。考察歷史，早在北宋的程伊川

虛榮與無法滿足的欲望」；「我們期待的晚餐並非出於肉販、釀酒人或麵包師傅的善心，而是出於他們對自身利益的關心。我們不是跟他們的仁慈，而是跟他們的自私打交道」。但是亞當史密斯相信，即使如此，自私和貪婪仍受到「一隻不可見的手」引導，邁向「全社會的利益」（Sen 著，2001：302）。這種將社會利益看成只是個人利益的加總的「利益調和論」（Bentham, 1967: 126），顯然是孟子無法接受的。

10 所謂的「公利」，其定義頗為分歧。它有時是指古典自由主義式的個人利益之加總，有時是指民主制度式的個人利益之交集或多數決，有時則是指盧梭（J. Rousseau）式超越個人的「公意志」（the General will）或黑格爾（Hegel）式的集體主義。至於「大利」是一種比較的結果，它同樣在使用上很分歧。它可以是相對於個人或少數群體之「小」利的「大利」，也可以是私人利益在比較後的「大利」，還可以是多種公共利益在比較後的「大利」。遺憾的是，大部分討論孟子義利之辨的學者，對於這些相關的概念少有明確的釐

就已經表達了這樣的立場，所謂「義與利，只是個公與私也」（程顥、程頤，1966：卷十七）。事實上，在整個宋明時期，義利之辨就一直環繞著此而打轉，認為明義利就只是別公私。即使到了清代的新注經典，劉寶楠仍主張「小人利而後可義，君子以利天下為義」；張德勝正確地指出，此處的意涵就是「公利」能夠與「義」融合（2002：29）。民國以後，此一理解的趨勢仍沒有改變。譬如胡適就說道：

> 孟子所攻擊的「利」字，只是自私自利的利，大概當時的君主官吏都是營私謀利的居多。這種為利主義，與利民主義絕相反對。……他所主張的「仁義」，只是最大多數的最大樂利（1976：22）。

近期學者抱持類似看法的，更是不計其數。最有代表性的應該是余英時了。他聲稱，「就道德意義說，儒家大致認為義利之分即公私之分。君子以公為心，故喻於義，小人以私為念，故喻於利」（1998：24）；而即使是明清之際的商儒合流，「以『公』、『私』判斷『義』、『利』的儒家原始義並未喪失」（1998：27）。此外，楊國榮同樣說道，「義超越了個人的特殊利益，具有普遍性的特點：它所體現的，乃是普遍的公利」（1993：115）。龔群和焦國成也認為，孟子反對的是「當時人們汲汲追求的財富之利或權利之利等個人私利和眼前利益。……他所談之仁義，正是國家長

清，通常都混用，或只是籠統地表達出公私之分而已。但弔詭的是，這樣的混用和籠統，反而使「義即公利」的類型得到更大的擴張空間。

治久安之大利」（1997：129）。

　　這些看法雖言之鑿鑿，卻在根本基礎上面臨兩個不小的問題。首先，是「利」的公私之分非常模糊。譬如一個家庭，它相對於個人是「公」，但相對於社會卻是「私」；再譬如政黨，它相對於黨屬立委是「公」，但相對於國家卻是「私」。這意味著「公利」此一概念有其相對性，當它從不同的位階角色與立場來看時，可能變成了「私利」。梁惠王「何以利吾國」的訴求，相對於臣下追逐個人權位的貪婪，孟子其實應當將它視為「公利」；但相對於整個以周天子為核心的封建體制，或天下和平，它則變成十足的「私利」了。齊宣王的圖謀霸業，秦始皇的一統天下，何嘗不也是如此？都有位階角色與立場的相對性問題。

　　另一方面，某個所謂「公利」的內容，經常是若干「私利」某種程度或形式的交集、加總或抽象歸納；特別是它的產生方式，往往訴諸於權力、資源或人頭的多數優勢。這意味著「公利」在成分上經常包含夾雜了或多或少的「私利」。梁惠王「何以利吾國」的訴求，當然可以視為「公利」，但在孟子看來，它其實包藏了梁惠王一己的欲望滿足和自私。同樣地，齊宣王的圖謀霸業、秦始皇的一統天下，乃至許多政治人物的愛國為民，當然在某種意義上也都是「公利」，但其中又無可置疑地包含夾雜了許多人的野心和「私利」[11]。

11　對於公利與私利之間的模糊性，陳大齊有與筆者類似的看法。他說，「一件
　　具體的利益之為公為私，時或因觀點不同而可以異其判別。公是積私而成
　　的。一群人的公利是群中各個人私利的集合。故群的公利，在各個人自己看
　　來，未嘗不可謂為其人的私利。公所由以積成的私，其數量多寡不等，因而
　　構成若干高低不同的層級。某一層級的公利，在本層級或其所攝的較低層級

　　既然「利」的公私之分如此模糊，將明義利就只是當作別公私，不僅在實際運用上會遭遇困難，恐怕還將引致頗為嚴重的非議。因為「公利」此一概念的相對性，以及其在成分上包含夾雜了「私利」，這相當程度解釋了為什麼許多所謂的「公利」被認為是不義的、掠奪的，是強者的利益、偽裝的道德。或許，孟子未曾明確區分「利」的公私[12]，正是有鑑於此。當然，這只是猜測，沒有證據。但至少吾人可以同意李明輝的看法，在孔孟思想中，「縱然也隱含公利與私利之分」，但此一區分並非基本的，只有「義利之辨才是基本的、原則性的區分」[13]（1990：155）。

　　除了「利」的公私之分非常模糊外，另一個更大的問題是，即便孟子所談的「利」確實有公私之分，又即便孟子有重公利而輕私利的情形（陳大齊，1987：282），但憑什麼斷定「義」即是公利？這種斷定的危險之處，在於它基本上認為，「義」與「公利」在概念上有可以等同的內在義理，至少有很大部分的交集；或者，這兩個概念在外延對象上有類似、甚至相同的指涉。因而它們能夠以某種程度或形式來互相化約、轉換或融合；各自的詞彙

　　看來，固不失為公利，在能攝的較高層級看來，不免祇是私利。故在此可認為公利的，在彼容或祇能認為私利。在此可認為私利的，在彼可能認為公利。」而他也同樣結論道，「以公利私利為義利的分別標準，證以孟子的言論，尚難謂為適切」（1987：284-285）。

12 孟子明確區別公私似乎只有在談到井田制度時，他引用了《詩經》之言：「雨我公田，遂及我私」（滕文公上）。但真正引進公私觀念的，學者一般的看法認為應該是荀子（黃勇，1998：35-36；黃俊傑，1986：137-139）。

13 李明輝特別指出，在康德的自律倫理學中，道德與幸福的區分同樣是一項基本的區分，無關乎自身幸福與他人幸福之區分。他並且相信，這足以使我們了解，何以孟子的義利之辨無關乎公利與私利之分（1990：192）。

或意涵也可以彼此對譯、說明。

　　為了檢證這一點，讓吾人回頭去分析儒家脈絡中的「義」和「利」概念。先從概念的內在義理來說，「義」即是「宜」、是正當或道理（勞思光，1997：113）；朱熹同樣也解釋「義是事事要合宜」（1970：1931）；它為「心之制、事之宜」，是「如何適當便如何做了」[14]（楊一峰，1968：3）。這明顯地是屬於倫理的範疇。而反觀「利」，包括了公利，誠如許又方所研究的，其內在義理就是益處或好處（2002：35-42）。無庸置疑地，它屬於效果的範疇。在這樣的對比下，試問，「正當」與「益處」能夠在詞彙或意涵上彼此對譯、說明嗎？

　　再從概念的外延對象來說，「義」所指涉的，乃「仁」此一心性本體在各種不同情境與相互關係下，所作出的那些合宜之判斷。反觀「公利」，其所指涉的，乃某種有形或無形的資源、財貨、地位或勞務，只要它們能帶來群體的益處或好處。試問，由「仁」而發的道德判斷，可以化約或轉換為這些有形或無形的資

14　對於「義」與「宜」的關聯可能會有爭論。當然，「義」可以有別的意涵，譬如它指的就是正道、正理（公孫丑上；離婁上），也可以指行為的法則或標準，或是意涵、道理；但在儒家的脈絡中，它大抵上就是「宜」，即適當的、合宜的道理或行為。東漢劉熙的《釋名》也說道：「義，宜也。裁製事物，使各宜也。」值得注意的是，它可以是道德意義上的「宜」，表現出來即是所謂的「善」，語意上有些接近英文中的「righteousness」。但另一方面，它卻也包含了實踐或理性意義上的「宜」，表現出來即《中庸》所言的，針對情境與場合的因時制宜之當下判斷。朱熹在注釋孟子的告子篇上時，就如此論述（1952：告子章句上，卷六）。其意涵接近英文中的「propriety」，可參信廣來的使用（Shun, 1997: 56）。還有學者將孟子的「義」翻譯成「appropriate」（Behuniak, 2005: 54-55），其中的道德意涵就少了許多。

源、財貨、地位或勞務嗎？或者，彼此交融嗎？

　　這兩個提問的答案，明顯都是否定的。無論是就概念的內在義理或外延指涉而言，「義」與「公利」是兩個分屬的範疇。它們既不能彼此化約（李明輝，1990：151-152，185，187），也無法互相轉換，或是所謂的交流融合。借用孔恩（T. Kuhn）的概念來說，在「義」與「公利」之間存在著「不可共量性」（incommensurability），即它們是殊類、異質的，在各自框架下的詞彙無法正確對譯，概念所表達的意涵也不能彼此說明。

　　正確來說，只有在墨家，其「義」的概念才能化約、轉換或融合為天下之大利。因為墨家所言的「義」，甚至「兼愛」，都不是一個內在的道德概念。而孟子卻剛好相反。「義」在其思想脈絡中，完全座落於動機或存心的層次，它但問道德上的該不該、當為與不當為；而「利」卻屬於外在和結果的層次，它必須藉由理性計算和得失分析，才能判斷有多少益處或好處。在這種情況下，即使認定孟子多麼重視公利，都不能將「義」視同公利。因為，這將導致「義」此一道德概念被消解，化約、轉換或融合成「利」的一種。

　　而這種將「義」消解掉，化約、轉換或融合成「公利」的情形，並非筆者的想像和多慮，它在蔡信安的論述中全然發生了。他一再聲稱，孟子採取效果論──非義務論──倫理學的方法，「從不具有道德價值的事物或狀態去導衍道德價值」（1987：140）。至於道德行為的判準，他認為孟子所採取的就是「最大效益原則」。而蔡信安根據的理由，即「義」指的是公利。他說道：

> 孟子只不過把梁惠王所提的「利」詮釋著「私利」，就是指
> 行動者的私利。……所以孟子認為「私利」不足以當作行為
> 抉擇的標準；採取整體論的立場，以整體的利益當作真正的
> 行為抉擇標準。而他提出「仁義」做為抉擇的理由也就是放
> 在「公利」的標準下來陳述倫理判斷的合法性和可行
> 性，……所以行為的標準在於「整體的」善（1987：139）。

既然孟子將公利視為「整體的」善，那當然就是採取「最大效益原則」來證成行為的價值了。

　　蔡信安又以「獨樂樂不如眾樂樂」來論證，他指出，孟子責怪齊宣王「獨樂樂」的不當，「不是以該行為不合乎『道德』或『仁義原則』，反而是以快樂者的數目去證成。」這同樣是以一個非道德性的狀況去證成；「以『最大效益原則』去否定該行為的『合法性』或可接受性」（1987：140）。

　　無論吾人是否贊同這樣的立場，恐怕都必須承認，如果「義即公利」，蔡信安上述的論證不只是言之成理的，似乎也難以被推翻。因為「利」確實屬於外在和結果的層次，它必須藉由理性計算和得失分析，才能判斷有多少益處或好處；而某一個事物或狀態是否為公利，又總是以「最大效益原則」為判準的。如此一來，孟子就不得不屬於效益主義陣營的一員；而「義」這個概念存在與否，意義已經不大了，因為最終還是以整體的最大效益來斷定。這樣的發展，是否符合孟子義利之辨的原旨呢？這肯定有很大的爭議，但無論如何，它應該是那些倡言「義即公利」的學者所始料未及的。

肆、因果模式：「義以生利」

撇開有這麼多問題和危險的「義即公利」，第三種企圖平衡或協調「以義斥利」類型的解釋，可以稱之為屬於「因果模式」的「義以生利」。或許，它會比較符合孟子的原旨。它強調的是「義」能夠衍生出「利」的結果；而這個「利」可以是私利、也可以是他利或公利。前者譬如是國君施行仁政於四方，致使「鄰國之民仰之若父母」，它帶來的結果是「無敵於天下」。後者則可以法官的公正清廉為例，他所履踐的「義」帶來了受害者實質的「利」；又譬如國君因哀憐百姓而輕賦稅，它的結果是「民可使富也」（盡心上）。

「義以生利」的類型經常與「義即公利」一起出現，但其實被混淆了。首先，後者排除了私利，而前者，就其最純粹的類型來說，並不刻意作出「利」的公私之分。其次，「義即公利」打破了義利之間的二元格局，強調兩者能夠以某種程度或形式來互相化約、轉換或融合；各自的詞彙或意涵也可以彼此對譯和說明。但「義以生利」卻避免了這樣的化約、轉換或融合，也不認為「義」與「利」在概念和實質上存在著任何交集、等同或類似性。它維持了兩者各自獨立的二元格局，只強調了存在著一種外在的衍生性因果關係[15]。

---

15 值得一提的是，余英時針對明清商人所提出來的「新義利觀」，與本文的「義以生利」似有若干相近。所謂「以義詘利，以利詘義，離而相傾，抗為兩敵。以義主利，以利佐義。合而相成，通一為脈」（1998：26）。但余英時強調的是雙向的，不只「是誦習之際，利在其中矣」，還「是貨殖之際，義在其中矣」；「承認『孳孳為利』的商人也同樣可以合乎『義』」；「義中有利，

　　而這一點當然也是它與「先義後利」類型不同之處。後者並不去探究義利之間有沒有因果關係，只強調一種價值優位上的輕重緩急。對於「利」的取得，只要在合乎「義」的前提條件下，當事者可以有動機或存心，也需要採取必要的實踐行動。但在「義以生利」的類型中，卻強調只要追求「義」，自然地「利」就隨之而來了。因此，對於「利」的獲得，當事者既不需要、也不容許有動機或存心。事實上，逐利此一行動是被取消的。但這不是將「利」的概念化約為「義」的一種，而是它作為一種隨著「義」的實踐而衍生的產物，在動機或存心的層次上並不需要存在。事實上，也不容存在，否則變成以「利」存心，就不再是「義」的結果了。

　　這種「義以生利」的論述同樣由來已久。黃俊傑引用《左傳》認為孔子已經主張「義以生利」，並且，這正反映了春秋時人的普遍看法，即相信「義以建利」、「信載義而行之為利」、「義，利之本也」[16]（1986：117-118）。到了宋朝，司馬光也說道，「夫唯仁者為知仁義之為利」。這並非將「義」視同於「利」，而是意指著子思回答孟子的話，「仁義固所以利之也，上不仁，則

　　利中也有義」（1998：25；27）。這種「以利生義」的內涵恐怕是孟子所無法接受的。另外，張德勝稱余英時此「新義利觀」為「義利交融」（張德勝，2002：26），則又顯然與本章所說的「義以生利」不同。因為，「交融」兩字強烈意指義利之間能以某種程度或形式來互相化約、轉換或融合，它明顯屬於義利一元的格局。

16　不過必須聲明的是，黃俊傑對孟子的詮釋遊走於「義即公利」和「義以生利」之間。他一方面將「義以生利」的「利」局限在公利；但另一方面，卻又認為「義」與「公利」不能化約（1986：117）。

不得所；上不義，則下樂為詐也，此為不利大矣！故易曰：利者，義之和也」（司馬光，1983：周紀顯王三十三年，卷二）。朱熹則一方面將義利之辨視為乃「天理」與「人欲」的區別，另一方面，為了解決「去人欲而存天理」在實踐上的困難，因而提出了「利在義中」、「義兼得利」的說法，強調「利是那義裡面生出來底，凡事外制得其宜，利便隨之」（黃勇，1998：34）。到了清朝時期，崔述的立場也是如此，他認為孟子所言乃「義中之利，非義外之利；……永遠之利，非一時之利」（1963：孟子事實錄，卷上）。而這裡所謂的「義中之利」，就是指「義」的實踐內含了「利」的效果。

剖析此一類型的整個立場，其關鍵處是強調義利之間在實踐上的背反。朱熹早在注釋孟子之際就已經流露出一種觀點，即「循天理則不求利，而無不利；徇人欲則求利，未得而害之。……君子未嘗不欲利，但專以利為心，則有害，惟仁義則不求利，而未嘗不利也」（1952：梁惠王章句上，卷一）。這意味著孟子雖倡言仁義而不言利，但「不言利而利更有大焉」，或者說「仁義之為利，乃尤大耳」（熊公哲，1968：137；136）。若反過來，處處言利，最後得到的「究竟不是真利」（胡適，1976：22）。黃俊傑更明白地說道，「義以生利」就是將「義」視為「所以求大利的正確途徑」（1986：117）。而最有代表性的論述，應該是陳大齊了。他說孟子所揭櫫的乃「懷義必能致利，利是隨義必來的。懷利反足以致害，利不是隨利而至的。」「緣義以求利，利可必得。緣利以求利，利必不可得」（1987：292，297）。

為了證明這一點，陳大齊頗為詳盡地分析了孟子言論中的「義以生利」。首先，是一方懷義所引致的他人的私利。

「未有義而後其君也」，意即義則不後其君。不後其君，是君的利。故在下者懷義，則國君必蒙其利。「分人以財，謂之惠」，在分人以財者，是惠，故亦是義。但在受惠者，則應是利。「君饋之粟」以周急，在君，是義，在受者，藉以免死，亦應是利。這些利都是私利。故一方懷義，其所引致的後果亦可是對方的個人私利（1987：289）。

其次，是懷義者所造成的自食其利。

「愛人」、「敬人」是義，「人恆愛之」，「人恆敬之」，在返愛返敬者，猶是義，在受此返愛返敬者，則是利。懷義者引致他人的義，他人的義又返過來引致懷義者自己利。天爵是義，人爵是利。「修其天爵，而人爵從之」，亦足見修義的結果，得自蒙其利（1987：290）。

不只如此，陳大齊指出，孟子還將「義」所引致的後果與「不義」所引致的後果兩相對照，更足以顯示出「義以生利」的必然性。

「推恩」是義，其後果有「足以保四海」的利，「不推恩」是不義，其後果有「無以保妻子」的不利。「得道」是義，其後果有「天下順之」的利，「失道」是不義，其後果有「親戚畔之」的不利（1987：291）。

學者們上述有關「義以生利」的論說，對於解釋孟子似乎很站得住腳。但其中卻隱含有一重大陷阱。如果「義」被視為「所

以求大利的正確途徑」，或者在行「義」之時就已經抱持了「義」必能致「利」的企圖，那「義」不就被工具化、淪為只是實現「利」的最佳手段嗎？它充分意味著「利」才是「義」背後真正的動機或存心。如此一來，豈不是又將孟子推入了效益主義的陣營嗎？

　　駱建人就是這樣一個代表。他直接將孟子從「義以生利」走向效益主義。他說，邊沁（J. Bentham）「以為道德價值，在於多數人之幸福，……以創造社會福利之多寡為個人生命價值評估之要件，殆亦近似孟子『大功利』之說矣！」但西方「功利主義發展之極端，乃有極端個人主義之氾濫。」而孟子高明的超越之處，是「不逕稱功利而言大仁義」，俾能「以仁義之名而行功利之實」。畢竟，「仁義可以涵蓋一切功利之進行，而功利究不能取代仁義也」（1988：54-57）。

　　駱建人此一解釋，讓人覺得似乎孟子在主張仁義之時，就已經心懷追求功利的企圖了。仁義被視為追求功利的聰明途徑，甚至，只是達到功利的必要包裝。儘管「義」喊得再響亮，到頭來還是為了遂「行功利之實」。

　　蔡信安則是另一種典型。他同樣將孟子歸入效益主義的陣營。但其主要的論證之一，是孟子經常訴諸功利效果來說服國君施行仁政。他指出，如果仁義是目的，就要說明其價值，不應該將「工具性價值」的概念加上去。但孟子卻相反地去對國君「誘」之以「利」。而且這個「利」不僅是能夠繼續當國君，更是「無敵於天下」（1987：139）。蔡信安說道：

　　　《孟子》的讀者都會有這種印象：他講了許多性、心、仁、

義，但是在證成行為的道德上合法性時，差不多都不引用心、性來證成行為。反而是以「利」即是「目的」來誘導人去做某種行動（1987：169）。

他相信，這意味著「如果有一個大家共同需求的、真正有價值的目的，則以它來證成行為上的道德合法性，也可以從它建構道德規則」。故而，蔡信安作出了一個結論，「孟子對於行為的評價和抉擇問題跟心性分開，將評價和抉擇放進功利主義倫理學架構之中」（1987：160）。

上述駱建人和蔡信安的論述，恐怕都是大有問題的。蔡信安既然使用「誘」之一字，就應該體認一種可能性，即孟子對國君的「誘」之以「利」或許只是權宜性的策略，為了是能夠增加遊說的效果。畢竟，這些國君都是滿腦子富國強兵的現實主義者。若投其所好可以提高他們施行仁政的意願，何樂而不為呢？但這並不能視為孟子某種基本的思想、原則或信念，也因此不可以用來「證成行為上的道德合法性」。如果筆者所假設的這種可能性是存在的、甚至是真確的，那麼，蔡信安將孟子的功利訴求稱之為國君施行仁政的「目的」，似乎就過度推論了。

筆者絕對承認，孟子對於「懷義必能致利」抱持著極為確定的態度；甚至認定其中存在著一種必然性。只要愛民、恤民、施行仁政，天下百姓歸附，「孰能禦之」（梁惠王上）？不只是「然而不王者，未之有也」（公孫丑上），更是「雖欲無王，不可得已」（離婁上）。孟子更將此看成一種歷史定律。不僅商湯稱王的經驗是如此，桀、紂、幽、厲的情況也是一樣。他們之所以「失天下」，就是由於「失其民」；而反過來，「得其民，斯得天下矣」

（離婁上）。

　　但無論「義以生利」再怎麼樣有必然性，或如何地被預期、並作為遊說的誘因，它都只是一種外在的衍生性因果關係。也就是說，不能像蔡信安那樣，將屬於結果的「利」用來「證成」行為的「義」；也不能像駱建人那樣，將「利」倒位過來，變成「義」背後真正的動機或存心[17]。

　　在此，吾人可以舉個淺顯的例子來進一步論證其中的差異。譬如，有一次某個女孩臉紅了，因為人們當著她面前談論一個她暗戀的男孩。顯然，她之所以臉紅的「理由」（reason）是因為她暗戀那個男孩；但導致這一次臉紅的「肇因」（cause），則是人們在她面前的那一次談話。同樣的道理，孟子基於其「懷義必能致利」的信念，因而屢次聲稱，當某一國君採取某一「義」行時，必然會帶來某一次諸如稱王或一統天下之類的「利益」；但無論如何，此一預期中的功利結果，卻從來不是採取該「義」行的「理由」。孟子要求，「理由」必須只在於該國君對該一「義」行內在的委身。但反過來看，如果沒有那一次的「義」行，國君這一次所得到的「利益」也是不存在的。可以說，那一次的「義」行對於後來的功利結果扮演了一個「肇因」的角色。

　　再譬如，某個法官因為堅持清廉而拒絕收賄，為此，他博得了社會美譽。雖然從「結果」層次而言，博得社會美譽是該法官預期會發生的，甚至還認為存在著某種必然性；但從「動機或存

---

17 李明輝也有類似筆者的看法，「承認『義』可產生『利』，是一回事；以『利』之所在為『義』，是另一回事」（1990：186）。但他沒有提出「義以生利」來解釋，依舊主張孟子是「先義後利」。

心」的層次來說，這並不是他拒絕收賄的「理由」。他拒絕收賄
只是為了堅持清廉此一道德信念。只是無可否認地，他的拒絕收
賄乃是他博得社會美譽的一個「肇因」。

同樣地，經由「義」所獲致的功利結果，無論是國君可以四
方無敵和王天下、君子可以因天爵而取得人爵，或是百姓可以樂
歲終身飽，基於孟子對「義以生利」堅強的必然性信心，它們當
然都在預期之中，也能夠被當作遊說的誘因。但即使如此，它們
都不是「義」背後真正的動機或存心。否則，就落入宋牼那種
「衡量利弊得失」的思維方式了。陳顧遠說得好，「孟子主張人以
仁義為心，便有大利之結果」（1975：75）。但「非因快樂之故而
行仁義也。……若夫由正誼而得之大利，由明道而生之大功，均
為自然而然之結果，非正誼之先即有謀利之希望，明道之先即有
計功之野心」（1975：76-78）。

孟子期待於統治者的，毋寧還是哀憐百姓的那一顆「不忍人
之心」，以及由此一內在的善所發出的道德命令。這才是採取仁
政此一「義」行的動機或存心。馮友蘭就強調，這正是孟子與墨
子的區別之處。「墨家之攻擊儒家厚葬久喪，純從功利主義立
論，而孟子則純不從功利主義立論。」厚葬久喪固然亦有利於社
會的「慎終追遠，民德歸厚矣。」但孟子則但謂厚葬久喪的本質
乃為「盡於人心」（1993：163）。吾人在前述也提過朱熹類似的
話，「凡事不可先有個利心，才說著利，必害於義。聖人做處只
向義邊做，然義未嘗不利，但不可先說道利，不可先有求利之
心。」朱熹此番對孟子的詮釋，可以算是最準確的了。

歸結而言，整個「義以生利」的高明之處，是它同時兼顧了
「動機或存心」以及「結果」兩方面的層次。經由前者，它堅持

了「義」的純粹道德性；再透過後者，對於「利」既予以容納、又加以限制。從動機或存心的層次來說，國君的施行仁政和養民，絕不能以功利為「目的」，而是出於惻隱與「推恩」（梁惠王上）；但從結果的層次來說，國君施行仁政和養民的「義」，又必然使人民受惠得「利」，同時，國君自己也會因而天下無敵。對於這樣的「利」，孟子當然是歡迎的，也樂於用來作為遊說國君的誘因。但不可或忘的是，這樣的「利」並非國君或民眾基於個人自利心所追求的結果，而是統治者的「義」所導致的效用，或所顧「養」和給予的一種恩德所獲。孟子自始至終未曾矛盾的是，都不同意出於動機或存心──包括了目的價值的選擇，以及屬於工具理性的思維方式──去追求利益。無論是國君或人民，情況皆如此。

這其實充分反映了儒家典型之「義務取向」的思考特質，即各個人但問自己當盡的道德義務；至於權益，則是對方實踐道德義務之後衍生的結果，不是由自己基於利益思考去爭取的。就譬如梁漱溟所說的，「何謂好父親？常以兒子為重底，就是好父親。何謂好兒子？常以父親為重底，就是好兒子」，「一個人似不為其自己而存在，乃彷彿互為他人而存在者」（1979：90）。難怪深受孟子影響的中國文化不走「人權」這條路，而是講「人道」。雖然兩者都蘊含了對人的照顧與保障，但在訴求方式上卻截然不同。前者有一種主張自我利益的正當性，不必期待別人所給予的善德；而後者卻是一己對別人的善德義務，也必須依賴別人所給予的善德；它的背後潛藏著孟子對人的自利心之否定。

小結：義利的雙重定位

經由上述四種純粹類型的建構、概念的釐清，以及對照出孟子或學者們有關論述與這些純粹類型之間的「距離」，吾人討論至此，對於孟子政治思想中義利之辨的真實動機、原委和意涵，應該已經得出若干定位和結論了。

首先，從動機或存心的層次來說，孟子是高濃度的屬於「取代模式」的「以義斥利」類型。而純粹就此一層次來說，確實沒有多少平衡和協調的空間。他不僅反對國君為貪圖利益而戰，宋牼這個好人從利弊得失去勸和，他也反對。然而，「貪圖利益」乃一種價值選擇，「衡量利弊得失」卻是一種思維方式。前者將利益當作一種目的價值來擁抱，而後者只是在思維過程中，工具性地將利益當作計算或比較的單位；當事人未必就將利益視為目的價值來信仰或委身。這意味著即使你從不「貪圖利益」，但只要訴諸於「衡量利弊得失」的工具理性，並以其來作為決策或行動的依據，都會如宋牼一般地遭到責難。顯然，在義利之間，孟子鋪陳了幾乎沒有妥協餘地的二元對立格局。

這樣的立場主要根源於孟子「價值內在」的預設，即將「義」視為其自身最完整的理由，它不假任何外在的、經驗性的因素來加以證成。因此，決策與行動所依據的判斷，當然就只在於動機或存心上的善了。它但問道德上的該不該、「義」的當為與不當為，而拒斥以結果層次上的理性計算、機會和風險的評估為依歸。

進一步地，針對如此高濃度的「以義斥利」類型，出現了若干試圖在義利之間予以平衡和協調的努力。第一種是屬於「條件

模式」的「先義後利」類型。它仍保持了義利之間的二元格局，但強調兩者不是「非此即彼」的取代和對立關係，而只是一種價值優位上的輕重緩急。無論是國君或百姓，只要在合乎「義」的前提條件下，都可以去追求「利」。

但對於孟子，它卻出於一個至為關鍵的原因，即人民若未能在「利」上有基本程度的滿足，將會導致他們在「義」的實踐上出現困難。這很弔詭地竟然出現了一種「先利後義」的狀況。就是在基本的民生需求上主張「利」相對於「義」的優先性，要求在起碼的生活利得已獲滿足的前提條件下，而後才得以堅持或追求「義」。雖然這只是局部性的原則，仍構成了以「先義後利」來定位孟子的障礙。

另一方面，「先義後利」的解釋力也有所不足。它只強調了義利之間一種輕重緩急的關係，未能更細膩而深入地觸及孟子所最在意的行動者在動機或存心上的差異。這使得它無法辨別出，孟子所肯定的民生利益，到底是民眾基於個人自利心所追求的結果？抑或是統治者出於動機或存心的「義」所顧「養」和給予百姓的一種恩德所獲？

撇開了「先義後利」，第二種試圖在義利之間予以平衡和協調的努力，是屬於「化約模式」的「義即公利」的類型，它打破了義利之間的二元格局，強調兩者不僅既非對立、也非先後的關係，甚至，在概念或實質上還存在著很大一部分的交集、等同或類似性，因而能夠以某種程度或形式來互相化約、轉換或融合；各自的詞彙或意涵也可以彼此對譯、說明。

但它的第一個困難是，「利」的公私之分非常模糊，並且在孟子思想中此一區分也不是基本的。「公利」的概念一方面有其

相對性，另一方面，在成分上也經常包含夾雜了「私利」。而這也相當程度解釋了為什麼許多所謂的「公利」被認為是不義的、掠奪的，是強者的利益、偽裝的道德。

再者，無論是就概念的內在義理或外延指涉，「義」與「公利」都分屬兩個既不能彼此化約、也無法互相轉換或融合的範疇。它們是殊類、異質的，在各自框架下的詞彙無法正確對譯，概念所表達的意涵也不能彼此說明。將「義」視同公利的結果，可能會導致「義」此一概念被消解，化約、轉換或融合成「利」的一種。而這種情形在蔡信安的論述中也確實出現了。因為「利」必須藉由理性計算和得失分析，才能判斷有多少益處或好處；而某一個事物或狀態是否為公利，又總是以「最大效益原則」為判準的。如此一來，「義」這個概念存在與否已經不重要了，因為最終還是以整體的最大效益來斷定。

從上述的歸納可見，雖然孟子存在有若干「先義後利」的成分，也確實有肯定公利而輕私利的傾向，但無論是從「先義後利」或「義即公利」來平衡和協調「以義斥利」，都有其障礙、不足，甚至是本質上的矛盾；也因而不適合以這兩種類型來定位孟子的義利之辨。

或許吾人必須改弦易轍，在動機或存心的層次上放棄挑戰「以義斥利」，充分承認在此一剖面上，無論是目的價值的選擇，抑或是屬於工具理性的思維方式，孟子都將「義」和「利」鋪陳為無妥協餘地的二元對立格局。但這並不意味著，義利之間已經不再能有任何平衡和協調了。事實上，當吾人改從結果的層次上，來理解孟子言論中許多對於「利」的強調和肯定，義利之間的平衡和協調空間就出來了。這亦是說，若「義」和「利」都落

在動機或存心的層次上，孟子肯定是無法讓它們相容的；而如果要有相容的一面，「義」和「利」就必須落在不同的層次，即在動機或存心上唯「義」是求，而將「利」視為由「義」所衍生的結果。

歸結而言，以「義務論倫理學」來定位孟子，這並沒有錯，卻不夠完整。因為，孟子的言論確實對於「利」——尤其是民生利益——有許多的強調和肯定。但這又不能過度推論，認為孟子屬於效益主義的陣營，或是「目的論倫理學」。因為孟子對於「利」的強調和肯定，都不是落在動機或存心的層次上，而只是將它們是為「義」的必然結果。

李明輝在辯駁蔡信安時妥協地聲稱，孟子並不完全否定功利原則。這樣的表達需要進一步釐清。因為，若從動機或存心來看，孟子唯「義」是求，怎麼會不反對功利原則呢？筆者同意，孟子沒有「將功利原則視為道德價值之唯一的或最後的判準」，但從動機或存心來看，他也沒有如李明輝所說的「接受功利原則作為衍生的道德原則」（1990：149-150）。正確而言，孟子只是在結果層次強調「懷仁義以相接」的功利效用罷了。

這就是屬於「因果模式」的「義以生利」類型。綜合來說，對於解釋孟子義利之辨的真意，它呈現出了兩方面的有效性。第一、孟子在動機或存心層次上有明確而高濃度的「以義斥利」傾向，而「義以生利」的類型與此並無矛盾，可以互相融合。因為它強調只要追求「義」，「利」就隨之而來了。對於「利」的獲得，當事者既不需要、也不容許有動機或存心。第二、連帶地，它也合理解釋了為什麼孟子屢屢訴諸稱王於天下的功利效果來說服國君施行仁政；又何以在要求國君照顧民生利益之際，竟出現

了「先利後義」的局部性原則。因為按照「義以生利」的類型，無論是國君的無敵和王天下，或是百姓的樂歲終身飽，都不是國君或民眾基於個人自利心所追求的結果，而是統治者施行之「義」所導致的效用；或者說，是由統治者所顧「養」和給予的一種恩德所獲。這樣的解釋另有一個可取之處，就是它符合了學者一貫聲稱的儒家典型之「義務取向」的思考特質，即各個人應該只問自己當盡的道德義務，至於權益，則是對方實踐道德義務後所衍生的結果，絕非由自己基於利益思考去爭取的。

相對於此，另外的「先義後利」和「義即公利」兩種類型，不僅本身存在著若干缺失，更都無法提供上述兩方面的有效性。一來它們都與孟子在動機或存心層次上高濃度的「以義斥利」傾向有所衝突，至少難以契合；二來對於孟子為什麼屢屢訴諸稱王於天下的功利效果來說服國君施行仁政，又何以在要求國君照顧民生利益之際竟出現「先利後義」的主張，它們也都未能提供合理的解釋，甚至在解釋之際，還墜入了將孟子歸類為採行「最大效益原則」的結果。

不過，「義以生利」的類型雖具有上述兩方面的有效性，卻隱含了一個很大的陷阱。即孟子那樣強烈地宣稱義以生利的必然性，可能會導致原本但問該不該的「義」發生異化。就是對於「義以生利」的預設和期待，反而變成了「義」背後真正的動機或存心。駱建人和蔡信安就都掉入了此一陷阱。但這到底不是孟子的本意。無論「義以生利」再怎麼樣有必然性，或如何地被預期、並作為遊說的誘因，它都只是一種外在的衍生性因果關係。絕不能將屬於結果的「利」用來證成行為的「義」；也不能將「利」倒位過來，變成「義」的背後真正的動機或存心。孟子期

待於統治者的，毋寧還是哀憐百姓的那一顆「不忍人之心」，以及由此一內在的善所發出的道德命令。這才是採取仁政此一「義」行的動機或存心。

　　想像如果今天有一個想要投身政治的年輕人，虛心請教該如何抉擇道德與利益之間的兩難。孟子會怎麼回答呢？他大概會說，「年輕人，我希望你誓志一生為道德而奮鬥，不要算計利害得失，更別貪圖利益。」孟子看著年輕人的為難和疑惑，接著會補上一句說服的話，「請相信我，你為道德所做的奮鬥，終將為你自己、你的家庭、這個社會和國家帶來最大的利益。」當然，孟子這個承諾恐怕過於樂觀了。憑什麼懷義必能致利？但這就留待下一章再來析論吧！

第五章

決策倫理的對話：
何不曰利？

楔子

　　在前一章對孟子「義利之辨」的探討中，筆者說明了孟子在動機或存心層次呈現了高濃度的「以義斥利」類型。但為何在反對「貪圖利益」之餘，也同時反對作為一種思維方式的「衡量利弊得失」呢？孟子的憂心是什麼？

　　利益思考之於「善」有沒有正面的價值？義利之間不過就是二擇一的簡單邏輯嗎？其中有沒有什麼弔詭，以至於抉擇變得很複雜、甚至矛盾？而孟子否定了利益思考，又會導致怎樣的決策困境或危險呢？

　　進一步地，孟子這種「唯義是問」的高調類型，怎麼看待手段與後果問題呢？有道德疑慮的手段都拒斥嗎？還是會將手段聖潔化？又是否不顧代價與後果，但問「義」的當為不當為？孟子固然有「義以生利」的說法可以因應，但它站得住腳嗎？而如果懷義未必能致利，孟子的整個「義利之辨」會受到怎樣的衝擊呢？

　　韋伯在「政治作為一種志業」的演講中，幾乎在上述問題都與孟子形成全面交鋒，並對孟子「義利之辨」的整個論述結構帶來了深刻而巨大的挑戰。

　　這就是接下來要探討的「儒家與韋伯」的第五個對話：決策倫理的對話。

前言：高明巧思下的難題

　　對於孟子的義利之辨，吾人在前章中所得到的結論是，若從動機或存心的層次來看，孟子是高濃度地屬於「取代模式」的「以義斥利」類型。也就是說，若「義」和「利」都落在動機或存心的層次上，孟子肯定是無法讓它們相容的。如果要有相容的一面，「義」和「利」就必須落在不同層次，即在動機或存心上唯「義」是求，而將「利」視為由「義」所衍生的結果。這就導出了孟子在結果層次上成為「因果模式」的「義以生利」類型。

　　孟子的此一巧思絕對高明。一方面，它透過「動機或存心層次」與「結果層次」的分割，讓自己的言說和立場不致矛盾。因為只要追求「義」，「利」就隨之而來了；對於「利」的獲得，當事者既不需要、也不容許有什麼動機或存心。另一方面，它也符合了學界一貫對儒家的理解，即典型的「義務取向」之思考特質。各個人應該只問自己當盡的道德義務，至於權益，則是對方實踐道德義務後所衍生的結果，絕非出自己出於利益思考而去爭取的。因此，無論是國君的無敵和王天下，或是百姓的樂歲終身飽，同樣都是統治者施行仁政的結果，並非任何君或民的「營利心」之所獲。

　　然而，孟子這樣的高明巧思卻存在著兩個基本挑戰和難題。首先，針對孟子高濃度的「以義斥利」類型，試問，利益思考之於「善」有沒有正面的價值？「義」與「利」之間不過就是二擇一的簡單邏輯嗎？其中有沒有什麼弔詭，以至於抉擇變得很複雜，甚至矛盾？而孟子否定了利益思考，又會導致怎樣的決策困境或危險呢？

　　進一步地，孟子這種「唯義是問」的高調類型，怎麼看待手段與後果問題呢？有道德疑慮的手段都拒斥嗎？還是會將手段聖潔化？又是否不顧代價與後果，但問「義」的當為不當為？孟子固然有屬於「因果模式」的「義以生利」內涵可以因應，但它站得住腳嗎？憑什麼懷義必能致利？能夠根據一個應然性命題推導出實然的結論，並宣稱「利可必得」嗎（曾春海，2001：984）？此外，在歷史經驗上，往往出現的不正是「懷義而致不利」、甚至「懷不義而致利」嗎？而如果「義以生利」的必然性是站不住腳的，那麼，孟子的整個「義利之辨」會受到怎樣的衝擊呢？

　　在以下的篇章中，吾人將就上述課題深入地來質疑和挑戰孟子。而筆者在此一過程中將大量引申韋伯的相關論述，因為在其「政治作為一種志業」的演講中，幾乎在上述問題都與孟子形成了全面交鋒。包括政治關係中的特殊性如何導致了普遍倫理在適用上出現困境；政策「意圖」與「結果」之間的常態性弔詭；還有「信念倫理」（ethics of conviction）與「責任倫理」（ethics of responsibility）的經典區分，以及善惡因果關係的詰難。透過這樣的討論脈絡，筆者期望能對比和映照出孟子整個「義利之辨」的可議之處。

壹、危險引信：衡量利弊得失

　　正如前一章所揭示的，孟子抱持「以義斥利」的立場時，主要表現為兩方面的訴求：他既反對作為一種價值選擇的「貪圖利益」，也反對作為一種思維方式的「衡量利弊得失」。這兩方面當然是有所不同的。前者將利益當作一種目的價值來擁抱，而後者

只是在作出決策之前的考慮過程中，工具性地將利益當作計算或比較的單位。它的目的乃衡量得失、機會和風險。前者表現於孟子對梁惠王和齊宣王等國君的批評；至於後者，則在責難宋牼從利弊得失來勸和楚秦時充分流露。

　　這兩種不同的訴求必須分開處理。因為它們經常屬於兩種不同類別（或有重疊）的人群。先從「貪圖利益」此一類別來說，孟子的強烈反對是易於理解並且被認同的。因為它落在目的價值這個層次上。這種立場往往會直接呈現出對道德的否定、蔑視，甚至踐踏。它的本質指向一種鑑賞層次的個人直接經驗，期待品嘗利益的滋味和果實；而就在它滿嘴油膩、連啃帶舔地想要擁抱利益所帶來的快感和飽足之際，道德即使不被視若敝屣，頂多也只有滿足利益追求的策略性或工具性價值。也就是說，道德是被統治者所利用或裝扮的，以遂行私己利益的貪得。從孟子看來，這當然是最為嚴重、且無法接受的。

　　但由此而言，孟子進一步地反對作為思維方式的「衡量利弊得失」此一類別，似乎就讓人難以理解了。因為當事者並未在動機或存心上本於私己利益的貪得。固然，它仍是一種對利益的追求和思考，但情況卻顯然不同。在本質意涵上，動機或存心指涉的乃一種內在驅動力，它的成分更多是情緒和欲念，而非理性與認知。後者的取向是將利益視為外在於自我的思考對象，有如一個元件，工具般地被處理和對待。其結果產物是形成諸如論據或觀點之類的分析判斷，而非可以直接引發行動的內在驅動力。

　　既是如此，孟子怎麼可以責難宋牼從利弊得失來勸和楚秦呢？因為宋牼無可否認地正抱持著純良高貴的動機或存心。那麼，到底對孟子而言，作為一種思維方式的「衡量利弊得失」錯

在哪裡呢？

讓吾人來檢視一下孟子的理由。他對宋牼說：

> 先生以利說秦楚之王，秦楚之王悅於利，以罷三軍之師，是
> 三軍之士樂罷而悅於利也。為人臣者懷利以事其君，為人子
> 者懷利以事其父，為人弟者懷利以事其兄。是君臣、父子、
> 兄弟終去仁義，懷利以相接，然而不亡者，未之有也。先生
> 以仁義說秦楚之王，秦楚之王悅於仁義，而罷三軍之師，是
> 三軍之士樂罷而悅於仁義也。為人臣者懷仁義以事其君，為
> 人子者懷仁義以事其父，為人弟者懷仁義以事其兄，是君
> 臣、父子、兄弟去利，懷仁義以相接也。然而不王者，未之
> 有也。何必曰利（告子下）？

在這一段話中，孟子認為，如果國君撤兵的理由是出於利弊
得失的考慮，那麼三軍因無需作戰所帶來的快樂就會讓他們跟著
「悅於利」。而若是這種「悅於利」的心態擴散了，人臣、人子及
人弟都以之對待其君、父及兄。終有一天，整個社會將淪陷為
「去仁義，懷利以相接」的境地。反過來，如果國君撤兵的理由
是出於仁義的考慮，那麼三軍因無需作戰所帶來的快樂就會讓他
們跟著「悅於仁義」。而若是這種「悅於仁義」的心態擴散了，
人臣、人子及人弟都以之對待其君、父及兄，終有一天，整個社
會將提升為「去利，懷仁義以相接」的境地。

再看看另外一個案例。在孟子與陳代的對話中，其所表達的
理由很類似。陳代出於策略性考量，建議若能委屈一下主動謁見
諸侯，並因此被重用而能致王霸，這就好像「枉尺而直尋」，從

利弊得失來分析是很上算的，值得一試。但孟子卻反駁，如果可以「枉尺直尋」，那同樣出於策略性考量不也可以「枉尋直尺」，作出更大的原則妥協，或更本質性的道德讓步嗎？仁人志士既然都不怕死了，何必在人格志節上卑屈畏縮呢（滕文公下）？

　　從上述的兩段對話中，吾人不難理解孟子的真正憂心所在。即若以「衡量利弊得失」來決策，其效果會引發一種「悅於利」的心態擴散，或導致在立場上節節退讓，最後淪為在動機或存心上的「貪圖利益」。這中間當然得經過一段時日的蔓延、擴散和質變。從原本屬於策略分析的理性與認知層面，衍生出「悅於利」和「懷利以相接」的內在驅動力；從原本只是將利益當作工具般來處理和對待，漸次鬆懈動搖，演變成因圖利而作出更大的原則妥協，或更本質性的道德讓步。孟子更相信，此一蔓延、擴散和質變是必然的；而從「衡量利弊得失」淪入「悅於利」和「懷利以相接」的貪得，也只有一步之遙，甚至是難分難解的。

　　很明顯地，孟子最在意的還是在動機或存心上的「貪圖利益」；至於作為思維方式的「衡量利弊得失」，毋寧扮演的是一個誘惑及陷阱的角色。「衡量利弊得失」的本身雖不是罪惡，甚至宋牼或陳代抱持著它時在動機或存心上都是純良高貴的，但它卻是一條危險引信，終將連結引爆「貪圖利益」這顆邪惡炸彈。

　　孟子之所以有這樣的顧慮，其背後應該有一個推理，即「衡量利弊得失」畢竟是根據於結果層次上的成本效益、機會或風險來做出判斷和抉擇的。至於動機或存心層次的道德、良知或信念等，既然不是考量的因素，就會被丟置一旁。就譬如一位國家領導人在面臨某項財富重分配的決策時，儘管他原本因秉持人道主義而欲選擇甲案，之後卻因利弊得失的考量而改選乙案。這說明

了「衡量利弊得失」此一決策方式，注定會讓道德、良知或信念等的價值被犧牲掉；人際之間於是依憑著利害計算來互動，而不願以道德、良知或信念來主導行為。

這樣的推理當然成立，而社會也確實經常出現類似現象。但即使如此，並不足以斷言此一社會是自私貪婪的。孟子聲稱其將淪入「悅於利」和「懷利以相接」的貪得，恐怕是過度推論了。因為依憑著利害計算來行動，只不過反映了「理性分析」的態度凌駕於「價值信念」之上，它並不就是自私貪婪。就譬如前述的國家領導人，儘管因利弊得失的考量而在某一財富重分配的政策上棄守人道主義，但這位國家領導人之所以如此，其動機或存心仍可能是為了更廣大的公眾利益，或較長遠的國家福祉。甚至，在 A 政策中棄守人道主義，是為了換取在 B 政策中實現更大程度的另一價值信念。或者，眼前的權益性退讓，是為了保存實力、穩定政權，以避免人道或其他價值信念在某種現實下遭受更大的損失。還有一種可能，這位國家領導人只是在追求某一價值信念之際，透過利弊得失的理性分析來尋求更有效率，或更佳效果的實踐手段罷了！

在這些情況下，「衡量利弊得失」都只是工具性和技術取向的，它與作為目的價值的動機或存心根本是兩回事。固然在決策的當下，道德、良知或信念等的因素會被利害計算所排除，但這僅僅發生在「衡量利弊得失」的「純粹」思維過程中，離開了此一思維過程的狹義範疇，道德、良知或信念等的動機或存心，仍然活躍於決策者的人格中，作為背景的、潛在的，甚至重要的因素而發揮作用。

正確來說，「衡量利弊得失」與「貪圖利益」兩者，各自屬

於不同的心靈範疇；從現代腦科學來看，甚至是不同的生理區塊。理性與認知主要是由大腦皮質控制的，而情緒與欲念等的好惡感覺，則屬於自主神經[1]。前者賴以創發論據或觀點，後者則是內在驅動力的來源。人是否自私貪婪，乃由情緒與欲念的因素所造成的，而與是否抱持利害計算來行動並無必然關聯。反過來，人若抱持並主張一種「衡量利弊得失」的思維方式，也不過是理性與認知上一種抽離個人直接經驗、源自大腦皮質的功效哲學立場而已！它絲毫不意味著一種鑑賞層次的體驗，期待在情緒與欲念上品嘗利益所帶來的什麼快感和滿足。

因此，一方面，「貪圖利益」的人未必在貪圖之際秉持「衡量利弊得失」的思維方式。譬如許多因貪婪而失去理智的人，他們往往因眼前的利慾薰心而不顧後果的悲劇。另一方面，以「衡量利弊得失」為思維方式的人也未必在衡量之際懷抱「貪圖利益」之心。譬如追求兼愛、非攻和萬民福祉的墨家及宋牼，都是如此。

孟子強烈相信，從「衡量利弊得失」淪入「悅於利」和「懷利以相接」的貪得，不僅有其必然性，而且只有一步之遙。雖然這樣的預設可以從真實世界中得到許多例證，但反證同樣也不少。除了擺在孟子眼前的宋牼和墨家外，西方的效益主義思想家，諸如休姆（D. Hume）、邊沁和彌爾（J.S. Mill），或者主張實用主義的杜威（J. Dewey）和詹姆斯（W. James），也都足以讓孟子的此一預設站不住腳。試問，他們何嘗因其理性與認知上的功

---

[1] 筆者必須承認，從生理層面來解釋心靈範疇有若干爭議，尤其會有唯物論傾向。但面對這個幾乎不可能有標準答案的爭議，抱持著參考態度仍是可取的。

效哲學立場而衍生出「悅於利」和「懷利以相接」的貪得，並在社會中連結引爆「貪圖利益」的邪惡炸彈？

吾人能夠同意孟子的是，若人們在動機或存心上都擁抱著「悅於利」和「懷利以相接」的貪得，這個國家確實會很糟糕，「然而不亡者，未之有也」。但如果孟子前述所預設的蔓延、擴散和質變的必然性並不存在，那麼，一個依憑後果計算來理性行動、秉持效益主義或實用主義的社會，還能被形容是「然而不亡者，未之有也」嗎？

整個來說，孟子的道德訴求過於旺盛了，以致他對於舉凡牽涉「利益」之事都覺反感與排斥；因而未能理解一種以「衡量利弊得失」為原則的效益或實用主義所具有的正面價值。孟子沒有能發現，即使是追求最高尚的價值理念（義），也需要理性評估其實現的最佳手段，又其後果是否會阻礙或傷害另一高尚價值理念的實現。

貳、政策意圖與結果的不一致

孟子最無法自圓其說的一點，是他雖極力呼喊國君保障人民的福祉，卻忽略了它需要經過理性計算和利弊得失的分析過程來予以衡量。人民的福祉不能只是高調和口號，它必須選擇若干手段與措施，並分析評估其效應與結果。即使是最高尚的價值理念，在實踐上，不同的手段與措施會帶來不同的效應與結果。而無論是手段與措施的選擇，或相關效應與結果的衡量，基本上，都是理性計算和分析利弊得失後的產物。

特別的是，在這樣一個選擇與衡量的過程中，經常會出現一

種政策的「意圖」與「結果」之間的弔詭。韋伯在〈政治作為一種志業〉這篇演講中，就指出了這一點，甚至將此一弔詭視為歷史中的常態。他說：

> 政治行動的最終結果，往往——甚至經常——和其原先的意圖（meaning, intention, Sinn）處在一種完全不配當的關係中；有時候，這種關係甚至是完全弔詭難解的。這完全是事實，甚至是整個歷史中的一項基本事態（Weber著，1985：205）。

韋伯從來沒有想要否定掉「意圖」，也就是「動機或存心」的重要。他甚至堅稱，正因為存在著上述的弔詭，政治行動一定要有某些價值信念，賴以提供「內在的支撐定力」（inner balance, Halt），以及免於落入虛無的意義感（1985：206）。當然，要選擇什麼價值信念，是完全無法經由理性分析來獲致的。「在世界觀之間，最終只有選擇可言」（1985：206）。套用吾人前述的概念來說，價值信念的選擇，基本上是由情緒與欲念的因素所決定的，理性與認知這種超然而疏離的技術取向活動，對此是無能為力的。

對韋伯而言，這似乎意味著它有一種被濫用、不負責任或不切事（realistic, matter of factness, Sachlichkeit）的危機。譬如，戰爭勝利者會聲稱自己站在正義的這一邊。而這種「道德優越感」完全是由情緒與欲念決定的，與理性和認知上正不正確無關。或者，一個因受不了戰爭殘酷場面而精神崩潰的人，會說服自己：「我不喜歡這場戰爭，因為我被迫去為一個在道德上邪惡的目標作戰。」這同樣顯示了價值信念經常是被濫用、不負責任

或不切事的。

　　為了避免出現這種濫用、不負責任或不切事的問題，韋伯鼓吹，在戰爭結束後，與其像老婦人一樣汲汲於找出宣洩屈辱、待罪的「禍首」，倒不如果敢嚴峻地對敵人說：

> 我們敗了，你們得到了勝利。這些都是過去的事了。現在，讓我們就牽涉到的實質利害，以及（更重要的）根據未來要負的責任（這尤其是勝利者必須關心的），來談應該得出來的結論（1985：207）。

　　韋伯感慨，往往在一場戰爭後，實質利害的處理總是「在道德上被埋掉」了。屈辱、雪恥和怨恨等的情緒，經常假借道德名義凌駕於負責任的善後之上。對此，他明白指出，屬於動機或存心層次的「道德」在本質上就無法負責任地處理善後。因為，

> 堅持道德的人，關心的並不是政治家真正關懷的問題──未來，以及政治家對未來的責任；相反，這種人關心的，是在政治上沒有結果（因為無法取得結論）的過去罪愆的問題（1985：207-208）。

　　韋伯甚至指出，「政治上若有罪愆可言」的話，這種不負責任處理善後、一味訴諸不會有結果的道德，就「正是政治上的罪愆」。

　　他相信，在政治的層次上，「勝利者的利益，在於榨取物質上及精神上最大的好處，失敗者的利益，則在於希望藉著承認罪

過，而獲得某些好處」。當然，若從孟子強烈的道義論來看，這十分「庸俗」（vulgar, gemein），但韋伯卻要求，必須切事地來給予評價，它「正是以道德為『取得公道』（getting one's due, Rechthaben）的手段的結果」（1985：208）。

韋伯深知，上述的立場必然會引致許多道德家和宗教領袖的撻伐；孟子當然不會例外。然而他卻直指，許多道德家和宗教領袖的錯誤在於他們總是主張一種普遍倫理，即要求生命的任何其他領域，包括政治在內，都「無分軒輊地受『同一套』倫理管轄」。對此，韋伯強烈質疑：

> 世界上可有一套倫理，能夠把同樣的行為規準，施加到性愛的關係、商業關係、家庭關係、職業關係上？一個人和妻子、賣菜的女人、兒子、競爭對手、朋友、法庭上的被告的關係，豈可都用在內容上一樣的行為規則來決定（1985：208）？

韋伯此一質疑可以說切中要害。孟子所主張的就是典型的普遍倫理。它要求完全站在動機或存心的層次，但問「義當為與不當為」（程顥、程頤，1966：卷十七），而絲毫不考慮各種「關係」的彼此差異性。也就是說，此一倫理原則在任何關係中都是一體適用的。只是孟子未能洞見，很多「關係」雖然涉及道德，但其核心要素並非道德。譬如，在親密或家庭關係中，核心的要素是愛，而非道德；在商業關係中，核心的要素是利潤或競爭力，道德只有邊緣的角色。孟子不察這會導致其中的倫理問題複雜化，無法但問「義當為與不當為」。丈夫可能因為愛的緣故，而對妻子說謊，隱瞞病情。商家對於產品的售賣，固然可以童叟無欺，

但到底還是以賺錢為動機和存心。還有，公司為提升競爭力，經常會不講情義地從對手那裡高薪挖角。用韋伯的話來說，商業關係隸屬於經濟理性主義，它與宗教和道德存在著矛盾衝突。

那麼政治中的關係又如何呢？韋伯指出，「在決定政治所須滿足的倫理要求的時候，政治運作的特有手段是以武力在背後支持的權力這一事實，難道毫無特殊的意義」（1985：208）？韋伯在別處一再強調，國家的核心定義是武力的合法壟斷，唯有它可以正當地使用武力為強制手段。他說：

> 所有的政治團體在面對國外或國內的敵對者時，無不訴諸赤裸裸的暴力以作為強制手段，此乃其絕對的本質。……正是這種暴力的訴求，才構成所謂政治團體，而「國家」就是個要求獨占正當的行使暴力（legitima Gewaltsamkeit）的團體，除此，別無他種意義（Weber著，1989c：116）。

而這一種以武力來支持其權力的特質，與孟子或耶穌的「愛與非暴力」當然矛盾。韋伯堅稱，國家為了對正義負起責任，應該使用武力來幫助好人戰勝邪惡者。甚至，若缺乏了這個意義，國家就不存在。也就是說，國家之所以具有壟斷武力的正當性，就在於它被要求應使用武力來實踐正義。對內，將犯罪者繩之以法；對外，抵禦侵略和外侮，保國衛家。當然，訴諸武力的結果往往是血腥的衝突，甚或殘酷的戰爭。但犧牲的警察或陣亡的戰士，卻因為執行此一正當權力，而使其所受的傷害和死亡得到「一連串意義深遠且神聖化」的定位（1989c：117-118）。很多時候，雖然國家的武力會與道德或宗教上的目標結合，形成所謂的

「聖戰」。但即使如此，「權力及權力的威嚇之成功，終究完全仰賴於實力關係，而非仰賴於倫理『正義』（Recht）」（1989c：116）。

　　「普遍強制性」是連帶相關的另一個困難。韋伯指出，譬如耶穌在「登山寶訓」中所楬櫫的倫理、「有人打你的右臉，連左臉也轉過來由他打」，或是呼召富裕的少年官變賣所有來跟從祂，這些都是無條件的、一絲不苟的絕對性主張，甚至「是一種全然放棄了尊嚴的倫理」。這些「不合理的過分要求，如果要在社會的角度言之有意義，就必須應用於每一個人，……簡言之也就是對每一個人都有效地強迫和秩序」。但是，韋伯抱怨道，「倫理誡命根本不管這些，它的本質便是如此」（1985：209）。這意味著道德家和宗教領袖是不切事的，對實踐上的困難不負責任。他們其實很清楚，對於倫理誡命的主張，再怎麼強烈和絕對都無害，因為其中並沒有普遍強制性，完全由追隨者或信眾自由地選擇遵循與否。但從韋伯來看，若改以國家權力來推動或據以為法律規條，基於政治關係中所必要的普遍強制性，結果就窒礙難行，甚至令人覺得恐怖了。在歷史中，許多政教合一的暴虐就緣自於此，殷鑑不遠的即阿富汗塔利班的神學士政權。他們經由政治的權力與支配，賦予了伊斯蘭的倫理誡命一種對所有人民都有效的普遍強制性。隨著政教分離的日漸普及，不啻正宣告了孟子那種普遍倫理的困境。

　　除了武力和普遍強制性外，韋伯還進一步從國家機構中「理性的政治人」（homo politicus）此一觀念來立論，強調政府部門在最理想化的「法制型支配」下，「政治人就跟經濟人一樣」，會實事求是地表現出一種所謂「非人格的」（impersonal）科層特質。也就是說，它對於人格意義上的道德美善，始終抱持以理

性、冷靜、無差別好惡的（faceless）態度；舉凡倫理上的善惡，理性化的政治人或經濟人都「無恨亦無愛」（Sine ira et studio）（Weber 著，1996：26）。

在另一處篇章，韋伯將這種理性主義界定為「以愈來愈精確地計算合適的手段為基礎，有條理地達成一特定既有的現實目的」（1989b：88）。它有賴於一種「實用理性的生活態度的能力與性向」（1989d：51）。當它表現在經濟方面時，就帶來了理性化的生產技術、組織紀律、理性化的法律與行政機關，以及理性化的牟利行為和經濟生活（1991：9-15）。

而若在政治方面呢？韋伯指出，「政治的理性行為」就有如經濟的理性行為一般，所遵循的都是各自的法則，它們「受制於現世中的種種條件，……必然僅僅唯理性行為本身的手段或目標是事。因此，所有的理性行為遂與同胞倫理處於緊張關係之中」（1989c：122）。韋伯相信，這使得國家愈是趨近於理想的科層化，就愈「難於遂行實質的倫理化」。即使是施行社會福利政策，都不是出於道德上的動機或存心，而只是一件以國家的本身為理由（Staatsrason）來客觀實踐的職責（1989c：116）。以此而言，孟子所期待的國君施行仁政，從韋伯來看，其中並不需要、也不應該抱持著道德上的動機或存心。國君應該將之視為一件「以國家的本身為理由」的職責才是。

基於政治的這些特殊性，韋伯結論道，將道德或宗教上的倫理牽引至政治的權力關係裡，簡直就是徒勞無謂地戲耍聖賢和神明。「較純淨且唯一誠實的方式，便是將一切關乎倫理的考慮完全排除於政治議論之外，越是能實事求是地打算，越是能免於激情、憤怒與愛恨的拘執」（1989c：117）。

　　從這種對立性，韋伯進一步指出，所有具倫理意義的行動都可以歸屬到以下兩種「準則」中。它們「在根本上互異，同時有著不可調和的衝突」，甚至有著「深邃的對立」（1985：211）。一個是基於心志或信念（Gesinnung）；另一個是基於責任（Verantwortung）（1985：210）。後者就是指行動必須考量後果，並承擔責任[2]。前者則是指行動只忠於道德上的良知信念，至於結果，則交給上帝，或諉諸於無可抗拒的制度、社會因素，以及相關當事人的愚昧與錯誤。

　　不過，韋伯在強調這兩種倫理「準則」互斥之際，卻又似乎矛盾地聲稱「這不是說心志倫理就是不負責任，也不是說責任倫理便無視於心志和信念」（1985：210）。他在另一處地方更指出，「心志倫理和責任倫理不是兩極相對立，而是互補相成：這兩種倫理合起來，構成了真正的人」（1985：220）。

　　對此，李明輝曾熱中地提出解釋，認為韋伯的「責任倫理學」並不等於謝勒（Max Scheler）所說的「功效倫理學」。後者純粹以行為結果的利弊得失來判斷行為，而前者「卻非僅憑功效價值來衡量行為之價值」，它只是要求「在評估行為之價值時，不僅要考慮存心價值，還要考慮行動者對其行為後果的責任」。也就是說，韋伯的「責任倫理學」並沒有將功利原則當作唯一的

2　需要釐清的是，北大教授何懷宏有一種觀點，認為責任倫理並不是結果論或效益主義。因為「它是一種事先行為選擇時的『顧及後果』，此時那後果還沒有出現。事先顧及後果選擇和事後根據後果評價是很不同的。它不是把『結果』或『後果』作為道德評價的最終標準」（何懷宏，2010）。筆者認為這種論調似是而非。效益主義並不能與結果論混為一談，它在進行後果評估時，同樣也是事前的。

或最後的判準;「而存心倫理學卻是以存心價值為唯一的判準。這才是這兩套倫理學真正無法協調之處」[3](李明輝,2005:112-113; 157-158)。

對於上述立場,李明輝的相關論證既複雜又深澀,卻有其可接受之處。其實就正如筆者在前文提過的,依憑著利害計算來行動,只不過反映了理性分析的態度凌駕於價值信念之上,它並不就是對後者全然罔顧。就譬如某位國家領導人,可能在A政策中棄守人道主義,是為了換取在B政策中實現更大程度的同類型價值信念。或者,眼前的權益性退讓,是為了保存實力、穩定政權,以避免人道或其他價值信念在某種現實下遭受更大的損失。還有一種可能,這位國家領導人只是在追求某一價值信念之際,透過利弊得失的理性分析來尋求更有效率,或更佳效果的實踐手段罷了!而就在此一意義下,韋伯才會聲稱「這不是說心志倫理就是不負責任,也不是說責任倫理便無視於心志和信念」。

只是,這絕非如李明輝所形容的「責任倫理學」並沒有將功利原則當作唯一的或最後的判準。韋伯自己說得很清楚,這兩套倫理作為一種「準則」(Maxime,李明輝譯為「格律」),「在根本上互異,同時有著不可調和的衝突」。也就是說,就「準則」的層

---

3 可以附帶一提的是,有另一種類似卻有所不同的說法,賴賢宗在討論 Wolfgang Schluchter 時,一再從康德的倫理學角度,同樣強調信念或心志倫理與責任倫理並不是矛盾對立的。「因為康德的信念倫理學包含了反思的評價基礎,……它雖然在個人的信念中發生作用,但它的可普遍化是一種反思性的判斷,所以指向主體之間的普遍性,因此是發展到『對話的責任倫理學』的一個過渡階段」(賴賢宗,2000/09)。由於康德的信念倫理學已非本文重點,為避免失焦,筆者不擬進一步討論賴賢宗的這種看法,僅在此提供參考。

次而言，無法存在著李明輝所聲稱的相容空間。不折不扣地，責任倫理就是以行動結果的功利計算和理性分析為最後依歸的，並因此而與信念或存心倫理有著「深邃的對立」。在責任倫理的整個決策思維過程中，儘管如李明輝所說的還是「要考慮存心價值」，但存心價值始終不具有判「準」的地位，它只是判斷的參考而已。儘管對 X 價值打折扣是為了換取對 Y 價值的保存，或者理性地選擇甲案是為了更有效率來擴張 Y 價值，在這些情況下，據以作出最終判斷的「準則」，毫無疑問地，還是對行動結果的功利計算和理性分析。

李明輝的講法毋寧只是一種在兩極中模糊的折衷手法[4]，它反而會導致誤解，讓人以為存心價值在「責任倫理學」中也是「判準」之一。正確來說，韋伯固然在「準則」的層次上強調兩種倫理的對立互斥，但若跳開決策當下「衡量利弊得失」的「純粹」思維過程，轉換到決策者的整個人格內涵，韋伯並不否認存心價值仍是活躍的，可以作為背景的、潛在的，甚至重要的因素而發揮作用。

其實，吾人應從「理念類型」的方法學來入手，韋伯已經將兩種倫理在抽象的「準則」層次上「純粹」化了。而若回歸到真實世界中，活生生的人作為一種經驗性存在，這兩種倫理在實踐層次上反而是「互補相成」的；並且每個人都是這兩種倫理在不

---

4 李明輝非常喜歡採用這種手法。在談到存心倫理學以及孟子「義利之辨」的義務論倫理時，也完全如出一轍。「義務論倫理學不一定排斥非道德意義的『善』；它只是反對以它作為道德價值之唯一的或最後的判準。因此，這種倫理學仍可能接受譬如功利原則作為衍生的道德原則」（李明輝，2005：106）。

同場合、針對不同對象和事件、不同程度的混合。所以，韋伯一方面期待政治人物因信念或心志倫理而有巨大的內在動能；要求政治行動不能缺乏存心價值，以免落入意義感的虛無（1985：206）。但另一方面，若只是「陶醉在浪漫的感動之中」也不行，「成熟的人」必得「真誠而全心地對後果感到責任，按照責任倫理行事」，「這才是人性最真性的表現」。韋伯因而總結道「這兩種倫理合起來，構成了真正的人」，一個能夠「受召喚以政治為志業」的人（1985：220）。

　　韋伯這些話明顯地站在經驗性實存的層次，從決策者的整個人格內涵來闡述兩種倫理的「互補相成」。他提醒每一個在實踐舞台上行動的政治人，源自於信念或心志的熱情是高尚可貴、不可或缺的，只是你仍得硬著心腸、理智地面對並責無旁貸地承擔現實的結果。而即使原來期待的渴望破滅，仍對自己出於信念或心志的獻身屹立不搖（1985：221）。

　　在筆者看來，韋伯所謂的心志或信念倫理，正很類似於孟子之論[5]，抱持者認為自己的責任「只在於確保純潔的意念——例如

5　筆者這個講法可能會招致某些學者的挑戰，陸自榮就認為「嚴格意義上的信念倫理應是關注超驗領域的倫理，是對絕對價值的信靠，即對上帝的信靠」，而「中國傳統社會在孔子時代就實現了關注領域的轉向，即實現了關注領域由超驗領域向經驗領域的轉向。它沒有救贖論的宗教，也就不可能有韋伯意義上的信念倫理」（陸自榮，2005：44-45）。賀來也有類似的看法，強調「『信念倫理』具有鮮明的『彼岸性』，它把行動的價值完全置於主觀意圖和信念上，而對此岸的目的和手段之間的關聯不予以考慮，……行動的後果及其責任應交給人之外的彼岸的他者——那『唯一必然之神』去承擔，因此，『信念倫理』所暗含的是一種『出世性』的思考方式，它在實質上把價值的最高權威歸於彼岸的神聖實體，並要求人在主觀動機、意圖和信念上對此彼岸的神聖價值實體保

向社會體制的不公所發出的抗議之火焰——「常存不熄」，而其「行動的目的，乃是去讓火焰雄旺」；至於「行動的價值」，則是在「表現這個心志的一個楷模」（1985：211）。

但麻煩的是，因為它僅在乎動機或存心層次上的「意圖」，故而未能洞悉在「意圖」與「結果」之間存在著常態性的弔詭。也就是經常「善」的目的，「必須借助於在道德上成問題的，或至少是有道德上可虞之險的手段，冒著產生罪惡的副效果的可能性」才能達成（1985：211）。譬如說謊是不道德的，違背良知信念，但若是說一個謊，能夠讓某位親人或朋友免於自殺，孟子會如何選擇呢？又如果是為了國家安全的需要，或是千萬百姓的身家性命，孟子還能堅持不說謊嗎？再譬如，為了讓孩子受良好的教育，貧窮的母親不得不去偷竊或賣春。而即使在《舊約》裡，上帝也會使用屠殺來保持以色列民族的道德聖潔[6]。還有，選舉時的婦女保障名額，當然違背平等理念，但在婦女經常是弱勢的現

持絕對的虔誠和信任。與此不同，『責任倫理』則具有鮮明的『此岸性』」（賀來，2004）。筆者對於此類的講法不表同意，找不到任何證據顯示韋伯將信念或心志倫理局限在「超驗領域」或「彼岸」。他自己所舉了許多例證，就都屬於世俗性的道德訴求和意識型態。

6 這種類似於「種族淨化」（ethnic cleansing）的論調和行為，在人類歷史中是層出不窮的。希特勒曾以此為理由屠殺了六百萬猶太人。而猶太人在1948年對巴勒斯坦人的屠殺與驅離，同樣是出於猶太復國主義（Zionism）的種族淨化心理。再如1989年塞爾維亞當局取消了科索沃自治省地位，並對阿爾巴尼亞裔居民進行幾近滅族的屠殺。近期則如緬甸西部Rakhine政黨的民族主義分子和高層佛教僧侶，也公開鼓吹針對Rohingya的穆斯林進行種族淨化的行動。這些都反映了吾人自以為是的「善」與其悲劇性「後果」之間的矛盾弔詭。

實景況下，此一不平等不正是達成實質平等所必要的「惡」嗎？

事實上，這樣的弔詭並不只是局限於韋伯所談到的「手段」問題。往往政策的本身就存在著「意圖」與「結果」之間的常態性弔詭。有時，一些出發點為「善」的政策，實施的結果卻可能有「惡」的面向；而反過來，也有一些明顯不「義」的政策，實施的結果竟會有「善」的面向。前者就譬如美國或中國，為挽救經濟危機而採行量化寬鬆政策，結果，經濟雖然復甦了，卻同時帶來通貨膨脹與資產泡沫。後者則可以台灣的公益彩券政策為例，如果從孟子的道德觀來看，這恐怕是全民大賭博，並且助長了投機和不勞而獲的心態；但若是從政策的效果來看，卻可以籌措社會福利經費、提供殘障者工作機會，還可以在某種程度上紓解社會的鬱悶。

對於這兩種倫理之間的經常缺乏一致性，甚至矛盾衝突，孟子幾乎是隻字未提的。當然，即使對於韋伯，這兩種倫理的矛盾衝突也只限於抽象性的「準則」而已；而若回歸到真實世界中，活生生的人作為一種經驗性存在，這兩種倫理在實踐性的整體人格中，反而是既矛盾衝突又必須「互補相成」的。但反觀孟子，在力言「義利之辨」時，並沒有類似的層次區分以及相關的整合論述；尤其明顯的是，孟子並未能體察其中所存在的兩難。而韋伯卻深刻指出了特別在政治關係中的倫理困境。因此他會強調，再怎麼「善」意的目標，都必須在不同的手段與措施中作出選擇，並且分析評估其能否達成預期結果？又是否會衍生其他不良的效應，譬如阻礙或傷害了另一個價值信念的實現？而更弔詭的是，有時在經過一番選擇和衡量後，竟然必須採行某些「惡」或「不善」的手段與措施，才能實現原本的「善」的動機或存心。

韋伯的這番論調，對孟子而言，恐怕不只無法想像，更還是離經叛道的。孟子要求於國君的，是「行一不義，殺一不辜，而得天下，皆不為也」。換言之，即使為了再偉大的目標，都不容許在手段上有半點對「義」的污染。

叁、狂信下的手段與後果問題

但此一手段問題的弔詭性，確實是超出孟子想像的。韋伯精闢地直指，正是它讓心志或信念倫理觸礁了。因為，從本質上的邏輯來看，「凡是行動會用到在道德上言之有可虞之險的手段者，皆在排斥之列。」無論暴力、說謊、鎮壓或詐欺，都是不允許的。但在現實世界中，心志或信念倫理又經常將「手段聖潔化（sanctify, heiligen）」。於是，「剛剛還在宣揚『以愛對抗暴力』的人，突然敦促他們的追隨者使用武力：最後一次使用暴力，以求能消除一切暴力」（1985：212）。有趣的是，孟子同樣未能豁免這樣的矛盾。譬如，他一方面從道義論拒斥屬於「霸道」的暴力；但另一方面，卻又聲稱誅殺暴君（獨夫）是正當的。對孟子而言，這或許也正是為了「義」而「最後一次使用暴力，以求能消除一切暴力」。

但吾人要問，這中間的尺度和標準是什麼呢？韋伯感慨地指出，我們「永遠沒有辦法從道德上判定，哪一個目的該聖潔化哪一個手段」（1985：213）。也就是說，沒有答案。「在什麼情況下，在什麼程度上，在道德角度言之為善的目的，能夠『聖潔化』在道德上說來堪慮的手段及副作用」，韋伯說，這「不是世界上任何倫理所能斷定的」（1985：211-2）。環顧歷史與現實的世界，穆

斯林戰士不是也將恐怖主義的手段聖潔化嗎？而十字軍東征又何嘗符合耶穌所說的「凡動刀的，必死在刀下」（馬太二六52）呢？

　　或許對韋伯而言，這種矛盾的存在正暴露了心志或信念倫理的不切事，以及對現實後果的不負責任。反觀責任倫理，卻不會有將手段罪惡化或聖潔化的問題，因為它打從根本就無法以任何道德或價值信念去譴責或讚揚某一手段；它只能將手段與現實的結果連結，依據後果的不同而理性地選擇不同的手段。事實上，其手段的選擇是受到結果以及理性所制約的，它終究不能違背利弊得失的分析而以任何道德或價值信念的說辭來合理化手段。但心志或信念倫理卻不然。無論是孟子、穆斯林或十字軍，總有很大的自由詮釋空間將手段予以罪惡化或聖潔化。因為它完全是一個超越現實利害、也與後果無關的形上式道德問題。它當然沒有合乎理性的答案，也不是其他倫理標準所能檢證的。簡單地說，心志或信念倫理對於某一手段是給予譴責抑或讚揚，完全屬於「自證」（self-evidence）的非理性邏輯。

　　這不正意味著心志或信念倫理有一種陷入意識型態的狂信危機嗎？韋伯自己舉了一個例子，一次大戰後的歐洲社會主義黨人，在1915年的第二國際代表會議中，儘管多數派主張不計代價結束戰爭，但列寧領導的少數派，仍堅持為實現社會主義理想而利用戰爭機會來發動革命內戰。韋伯無奈地表示，這些人為了實現符合共產理念的經濟體制，竟願意面對「再幾年的戰爭」（1985：212; 269）？這個例證所顯現出來的，就是為意識型態的理念而不顧手段與後果的悲劇性。

　　吾人不難理解，動機或存心上的道德堅持，從絕對化轉變為教條主義的控制或意識型態的支配，是輕而易舉的；而反過來，

少有例外地，基本教義派（fundamentalist）的意識型態也有著絕對性的道德優越。可以說，心志或信念倫理的極致，正就是意識型態的狂熱。它愈是邁向純粹與濃烈，就愈易於釋放出一種不擇手段，也不為代價和後果負責的浪漫和野性。而其發展的最後結果，就是徹底喪失掉審度情勢、並實事求是的分析能力；任憑個人或群體發生了什麼問題和危機，都無法滋長出屬於責任倫理的對事實與後果的理性因應。共產主義的革命是如此，穆斯林的恐怖主義也是如此。它們都表現出強烈而濃厚的對某種價值信念的堅持，也就無法避免走向一種教條主義的控制，或類似於意識型態的支配了。

　　有趣的是，蔣慶曾一口咬定這種事情不會發生在儒家身上。他說，「生命儒學所推崇的倫理不可能像心志倫理那樣『在政治的層次上，……為了目的而不擇手段』」，「因為生命儒學非常注重修身慎獨，以政治謹慎——中庸——為第一政治美德，在歷史上從未出現過基於道德信念的狂熱政治運動」（蔣慶，2004：204）。對此，筆者持保留態度。衡諸儒家在中國歷史與文化裡，固然從未出現過基於道德信念的狂熱政治運動，但基於道德信念的社會性教條主義卻是存在的。無可否認地，儒家屢屢演變為一種高度規範性的綱常禮教與體制，甚至是深具廣泛支配力量的「泛道德主義」。而之所以會如此，恐怕孟子強烈而高濃度的「以義斥利」訴求是重大因素。其中最為人詬病的所謂「禮教吃人」[7]，

7　當然「禮教吃人」是孔孟完全不能接受的。但很多時候理論的發展結果是會出於當事人預期的，甚至無可掌控。這又是一個明顯的例證，說明「意圖」與「結果」之間的弔詭。

毋寧就是在道德高張下對倫理規條的拘泥和堅持，以致不顧人們在現實困境下所遭受的身心摧殘和人格扭曲。

　　不過，用韋伯的心志或信念倫理來類比孟子強烈而高濃度的「唯義是問」立場，或有其不夠精準之處。因為孟子對於後果並非不過問，他只是大膽地抱持了一個預設：懷義必能致利。對於現實性的利益，孟子絕非蔑視、不屑，或只是浪漫、空洞的道德主義。朱熹詮釋得很精準，對孟子而言，「循天理則不求利，而無不利；徇人欲則求利，未得而害之。……君子未嘗不欲利，但專以利為心，則有害，惟仁義則不求利，而未嘗不利也」（朱熹，1952：梁惠王章句上，卷一）。

　　在孟子的文本中，類似的表達極為強烈。無論是一方懷義所引致的他人之私利、懷義者所造成的自蒙其利，或是不義所引致的不利（陳大齊，1987：289-291），孟子幾近是全面性地暢言其中的必然性；包括了國君可以四方無敵和王天下、君子可以因天爵而取得人爵，或是百姓可以樂歲終身飽。不只如此，孟子更將此必然性發展為一種歷史定律。從正面的商湯稱王，到負面的桀、紂、幽、厲的下場都是如此。「失其民」的結果就是「失天下」；而反過來，「得其民，斯得天下矣」（離婁上）。這些論述已在前一章中詳細分析了，毋須重複。

　　但問題是，孟子這樣一個預設站得住腳嗎？很恰巧地，韋伯在探究信念倫理與責任倫理時也討論到了這一點。他說自己的同事佛斯特（F.W. Forster）提出了一個簡單論點，相信「善因必有善果，而惡因必有惡果」（1985：213）。若循此而言，孟子的懷義必能致利當然也能夠成立了。無論是國君的無敵和王天下、君子的取得人爵，或是百姓的樂歲終身飽，都可以被視為「義」此一

「因」所引致的「善果」。

　　但韋伯卻接著質疑，在《奧義書》（*Upanishads*）之後二千五百年，「居然還有這種說法出現，也實在令人愕然。不要說整套世界史的過程，就是日常經驗每一次沒有保留的試驗，都明白顯示，真相正是其反面」。韋伯在此所指的是「神義論」（theodicy）此一古老的問題，即為何在全能、全知、慈愛又全善的神明統管下，竟然出現了當下這樣一個「充滿著無辜的苦難、沒有報應的不公，無法補救的愚蠢的無理世界」（1985：213）？

　　各個宗教家對此有許多不同的解釋。譬如說，認為邪惡與苦難可以潔淨和磨練人的心志和性格，並因而得以實現更高的「善」。或者說，人們根本在主觀上誤解了邪惡與苦難，它們在本質上不過是「尚未完全實現的善」而已。還有一種頗為主流的說法，認為根據於自由意志，選擇「善」之所以成為可能，正因為選擇「惡」是可能的。人製造罪惡和苦難的能力若被上帝排除了，那麼人也將同時喪失選擇良善、造福人群的能力。

　　宗教家的這些解釋並非吾人的重點，韋伯也沒有去細究它們。但值得注意的是，他們無論如何解釋，都在基本上承認了「善因」經常未能有「善果」、而「惡因」也未必有「惡果」。韋伯特別強調了此一現象和經驗的普遍真實，並指出它因此成了「所有宗教發展背後的推動力量」。韋伯清楚地結論道，「善因必有善果，惡因必有惡果」絕非實情。甚至，「不了解這一點的人，在政治上實際是個幼童」（1985：213-214）。

　　如果韋伯這樣的批評是對的，那在中國文化裡的「幼童」可就多了。正如吾人在前一章中所討論的，即使在孟子之前的春秋時人，就已經普遍相信類似的主張了。還有宋朝的司馬光、朱

熹，乃至清朝的崔述，都是如此。持平而論，這種「懷義必能致利」的主張既不符合經驗實情，其中也無細膩深思的論證內涵。最嚴重的是，孟子沒有提出任何類似「神義論」的申述來辯護此一預設。它因而顯得不過是另一種形式的對「善有善報、惡有惡報」的素樸信仰罷了！

　　一般而言，宗教訴諸於因果報應，其最大好處是可以對「行善去惡」發揮鼓舞和安慰的效果。但弔詭的是，恐怕正由於在經驗層面上不是「善有善報、惡有惡報」，才使得此一鼓舞和安慰成為必要。孟子的「義以生利」所扮演的應該也是這樣的角色。為了貫徹在動機或存心層次上的義利不相容，他樂於藉懷義必能致利來發揮若干鼓舞和安慰的效果。但孟子無法規避的是，那些被他遊說的國君會相信這一套不符合經驗實情的論調嗎？無怪乎，孟子一再對國君「誘」之以「利」來施行仁政，結果始終成效不彰。

　　除了不符合一般經驗實情外，從邏輯義理上而言，孟子的「義以生利」更也站不住腳。借用休姆的哲學來看，道德不僅無法被經驗證明、也不受現象界的事實所影響。「實然」（what it is）命題因而推論不出「應然」（what it ought to be）的結果。那反過來呢？能夠像孟子如此根據一個應然性命題推導出某個實然性結論嗎？答案同樣是否定的。休姆說得很清楚，道德與理性根本屬於兩個不同範疇。道德是實踐的，由偏好或厭惡之類的情感所決定，因此具有「推動」行為的能力；或者，用吾人前述的概念來說，它具有對行為的內在驅動力。而理性卻是分析的，它無法推動行為，但能扮演「指引」行為的角色，就是去發現目標和行為之間的因果關係，並分析可以採取何種行動及可能結果。

　　據此類推而言，「義」作為一種道德，因其坐落於動機或存心層次而具有內在驅動力和實踐性；至於其結果是「利或不利」，必得經由理性分析才能判斷得出來；並且它還會隨著所採取的不同實踐行動，而有不同的「利或不利」的結果。它固然有可能帶來對自己、他人或群體的「利」，也有可能導致對自己、他人或群體的「不利」。此一「意圖」與「結果」之間的背離弔詭，在上一小節中已經討論過了。

　　孟子最難以辯解之處，是他既然排斥了宋牼和陳代所主張的利弊得失分析，那依憑什麼來判斷某個為實踐「義」所採取的行動，確實能夠帶來怎樣內涵或數量的「利」呢？而若是此一判斷根本闕如，孟子的「義以生利」就只能是一個類似於道德命題的形上預設了。它無從以任何方式被證明真偽。事實上，對孟子而言恐怕也無須證明；它根本是全然「自明」的。

　　吾人必須指出，就孟子整個「義利之辨」的論述結構而言，懷義必能致利的預設至為重要，絕非孟子輕描淡寫之物，或只是附帶的隨筆。孟子藉此一方面可以義利兼得，不致讓自己的立場演變成不切實際的空泛高調；另一方面，又在肯定利益之際，無需動搖原本「唯義是問」的基礎立場，甚至還有強化的效果。因為只要懷「義」，作為結果的「利」就跟著來了。當事者完全不需要在動機或存心層次上追求「利」。可以說，在懷義必能致利的預設下，「逐利」此一動機或存心，較之「唯義是問」的基礎立場，反而更進一步被取消了。

　　但如今在吾人的質疑下，若懷義必能致利的預設在經驗事實和邏輯義理上都站不住腳了，那麼，上述因其而來的理論效益就將跟著消失；甚至整個「義利之辨」的論述結構都面臨了崩潰危

機。如今，不僅「逐利」此一動機或存心只能訴諸「唯義是問」來排除；並且也因為無法再義利兼得，而更易招致心志或信念倫理那種不切事、不為後果負責任的批評。

除了經驗實情和邏輯義理的困難外，懷義必能致利還衍生了一個不算是困難的「陷阱」，即它可能導致原本「但問該不該」的心態發生某種質變或「異化」（alienation），以致將「利」作為一種必然結果的預設和期待反而變成了真正的動機或存心。正如吾人在前章中所指陳的，若「義」被視為「所以求大利的正確途徑」（黃俊傑，1986：117），或者在行「義」之時就已經抱持了其必能致「利」的企圖，那「義」不就被工具化、淪為只是實現「利」的最佳手段或聰明途徑嗎？難怪有學者明白聲稱，西方「功利主義發展之極端，乃有極端個人主義之氾濫」；而孟子的高明之處是「不逕稱功利而言大仁義」，俾能「以仁義之名而行功利之實」（駱建人，1988：54-57）。甚至，蔡信安在解釋孟子的義利之辨時，更將屬於結果的「利」用來「證成」行為的「義」（1987：139，160，169）。

這種質變或異化固然不符合孟子的原意，但也不能不說是此一論述的缺點。因為無可否認地，其正是強調「義以生利」的必然性所經常會發生的後果；在現實生活中，演變出此一偏差的機率其實很高。就好比民間「善有善報」的素樸信仰，原本只是期待對「行善去惡」發揮鼓舞和安慰的效果，卻也往往發生質變或異化，為求「善報」之「利」，反而成為了「善」的真正動機或存心。

小結：利益思考的必要性

馮克利有一段話將韋伯的想法描繪得頗為傳神。他說，「這個世界本來就是由不可化解的矛盾組成的：波德賴爾的《惡之花》教會了我們事物可以因不善、不神聖而為美，政治現實則昭示著在罪惡手段和美好目的之間無法調和的矛盾。我們也無法『科學地』斷定法國人和德國人的價值觀孰優孰劣」（馮克利，1997）。對韋伯來說，這正是價值世界的全部真相：價值的選擇無法理性分析，彼此之間也充滿弔詭、難斷對錯。

這表現在政治上，說得好聽是可以學習寬容的多元，但更貼切的事實，毋寧是「諸神鬥爭」（struggle of gods）。即每一個為人們所信仰的價值都是一個神，並且每一個神都說「除了我以外，你不可以有別的神」（出埃及記二十三）。在韋伯眼中，政治只會是沒完沒了又無解的鬥爭。而最令韋伯感到厭惡的，從來「不是統一價值世界的解體」，而是「出現了一些假冒偽劣的精神偶像」（馮克利，1997），也就是所謂的假「神」。

不過，韋伯卻從歷史的進程中、特別是近代資本主義的興起，見識了一個在「除魅」（disenchanted）時代下因「理性紀律」所展現的巨大力量。在韋伯的腦海中，「理性紀律」與「諸神鬥爭」存在著某種此消彼長的拉鋸。前者帶來的是人類前所未見的效率和進步，後者引致的卻是政治的衝突和漫漫長夜。

李猛說得好，無論是以學術為業，還是以政治為業，韋伯所關心的，都是處在一個「除魅」的世界中，「人如何面對獻身與距離，激情與自律，理想與現實感」（李猛，1999）。這毋寧是個該怎樣調和與平衡的問題。但筆者卻認為，韋伯在表面的調和與

平衡下，他的選擇其實偏向了「理性紀律」。他固然一方面拒斥了屬於虛無主義的政治冷漠，另一方面肯定了對價值信念的需要，但他更強烈流露的，卻是以「理性紀律」去對抗道德主義與意識型態所呈現的浪漫和亢奮；韋伯批評它們是妄自尊大的情緒、包裝的神明和虛榮政治，帶給政治的只會是黑暗。韋伯期待一種以政治為志業者該具有的「成熟人格」，而其中最重要的特質，就是在浪漫中仍硬著心腸、理智地面對並責無旁貸地承擔現實的結果。即使原來渴望的理想破滅了，仍對自己出於信念或心志的獻身屹立不搖（1985：221）。

相形之下，孟子透過義利之辨所呈現的，不只缺少了這樣的調和與平衡，更是嚴重傾斜於價值信念這一方了。他表達並流露了極為旺盛的道德訴求，以致對舉凡牽涉「利益」之事都覺反感與排斥。不僅反對作為一種價值選擇的「貪圖利益」，同時也反對作為一種思維方式的「衡量利弊得失」。而孟子之所以會有這樣的立場，實緣因於一種強烈的憂心，即認為若以利害計算來決策，其效果會引發一種「悅於利」的心態擴散，或導致在立場上節節退讓，最後淪為在動機或存心上對利益的貪得。從原本屬於策略分析的理性與認知層面，衍生出「悅於利」和「懷利以相接」的內在驅動力；從原本只是將利益當作工具般來處理和對待，漸次鬆懈動搖，演變成因圖利而作出更大的原則妥協，或更本質性的道德讓步。孟子更相信，此一蔓延、擴散和質變只有一步之遙，甚至是必然的。

只是孟子這樣的憂心卻難以成立。因為，「衡量利弊得失」與「貪圖利益」各自屬於不同的心靈範疇，甚至是不同的生理區塊。人是否自私貪婪，乃由情緒與欲念的因素所造成的，而與是

否抱持利害計算來行動並無必然關聯。反過來，人若抱持並主張一種「衡量利弊得失」的思維方式，也不過是理性與認知上一種抽離個人直接經驗的功效哲學立場而已！它絲毫不意味著一種鑑賞層次的體驗，期待在情緒與欲念上品嚐利益所帶來的什麼快感和滿足。「貪圖利益」者未必在貪圖之際秉持「衡量利弊得失」的思維方式；而以「衡量利弊得失」為思維方式者也未必在衡量之際懷抱「貪圖利益」之心。

　　這個道理表現在政治實務上，可以發現，即使國家領導人因利弊得失的考量而在政策上棄守某一價值理念，其動機或存心仍可能是為了更廣大的公眾利益，或較長遠的國家福祉。甚至，在Ａ政策中棄守人道主義，是為了換取在Ｂ政策中實現更大程度的另一價值信念。或者，眼前的權益性退讓，是為了保存實力、穩定政權，以避免人道或其他價值信念在某種現實下遭受更大的損失。還有一種可能，這位國家領導人只是在追求某一價值信念之際，透過利弊得失的理性分析來尋求更有效率，或更佳效果的實踐手段罷了！很遺憾地，孟子沒有能發現，即使是追求最高尚的價值理念，也需要理性評估其實現的最佳手段，又其後果是否會阻礙或傷害另一高尚價值理念的實現。

　　進一步地，當吾人對比韋伯在「政治作為一種志業」這篇演講時，可以發現孟子的「唯義是問」存在著一個根本問題，即它表現為「泛道德主義」式的普遍倫理。它要求站在動機或存心的層次但問「義當為與不當為」，而絲毫不考慮各種「關係」的差異性。韋伯卻堅持，倫理並不能對各種關係都一體適用。很多「關係」雖然都涉及道德，但其核心要素並非道德。

　　就以政治中的關係而言，韋伯指出，至少有三個特質會導致

宗教家與道德家的普遍倫理無法適用。第一、是武力手段,它當然與孟子或耶穌的「愛與非暴力」直接衝突。但韋伯堅稱,國家之所以具有壟斷武力的正當性,就在於它被要求使用武力來實踐正義。甚至,若缺乏了這個意義,國家就不存在了。

第二、是政治關係中的普遍強制性。無論是耶穌的「登山寶訓」,或孟子的唯「義」為求,它們再怎麼強烈和絕對都是無害的,因為其中並沒有普遍強制性,完全由追隨者或信眾自由地選擇遵循與否。但從韋伯看來,若改以國家權力來推動或據以為法律規條,基於政治關係中所必要的普遍強制性,結果就窒礙難行,甚至令人覺得恐怖了。

第三、是國家機構的理性化特質。韋伯強調,在最理想化的法制型支配下,「政治人」就跟經濟人一樣,會實事求是地表現出「非人格的」科層特質。也就是說,它對於人格意義上的道德美善,始終抱持以理性、冷靜、無差別好惡的態度。「政治人」唯理性行為本身的手段或目標是從,即使是施行社會福利政策,都不是出於道德上的動機或存心,而只是一件「以國家的本身為理由」來客觀實踐的職責。

基於這三個特殊性,韋伯與孟子可以說是全面交鋒了。韋伯聲稱,將道德或宗教上的倫理牽引至政治的權力關係裡,簡直就是徒勞無謂地戲耍聖賢和神明。而一種基於心志或信念的倫理,與另一種基於責任的倫理之間,它們雖然在實踐性的整體人格上可以「互補相成」,但作為一種抽象性的「準則」,它們在根本上就是互異的,同時有著不可調和的衝突。在政治的領域中,韋伯堅決選擇了後者,聲稱要將一切關乎倫理的考慮完全排除於政治議論之外,而愈是能實事求是地打算,愈是能免於激情、憤怒與

愛恨的拘執。

　　除此之外，對比於韋伯的論述，孟子的心志或信念倫理也未能洞悉在「意圖」與「結果」之間存在著常態性的弔詭。也就是說，有某些出發點為「善」的政策，實施結果卻可能有「惡」的面向；反過來，某些明顯不「義」的政策，實施結果竟會有「善」的面向。對於這樣的矛盾衝突，很遺憾地，孟子隻字未提，他明顯並未體察其中的兩難。而韋伯卻深刻理解到，再怎麼「善」意的目標，有時在經過一番選擇和衡量後，竟然必須借助於在道德上成問題的，或至少是有道德上可虞之險的手段，冒著產生罪惡之副效果的可能性，才能實現原本的「善」的動機或存心。

　　對於韋伯這樣的論調，孟子肯定是難以接受的。但在此，「手段」的問題浮現了。孟子沒有去處理，韋伯卻精闢地直指，正是它讓心志或信念倫理觸礁了。因為，它一方面將在道德上有爭議的手段予以罪惡化，另一方面又經常因應著需要而將手段聖潔化。但這中間的尺度和標準是什麼呢？心志或信念倫理總有很大的自由詮釋空間，因為它完全是一個形上學式的道德命題；既沒有合乎理性的答案，其他倫理標準也無從予以檢證。相對而言，責任倫理卻不能以任何道德或價值信念去譴責或讚揚某一手段，事實上，其手段的選擇是受到結果以及理性所制約的。

　　「手段」問題既然是由心志或信念倫理自由詮釋的，而「後果」相對於價值信念又不甚重要，那麼，心志或信念倫理演變成一種罔顧手段與後果悲劇性的行動選擇，就不足為奇了。歷史殷鑑非常多，最高尚的道德堅持，從絕對化轉變為教條主義的控制或意識型態的支配，是輕而易舉的。可以說，心志或信念倫理愈

是邁向純粹與濃烈，就愈易於釋放出一種不擇手段，也不為代價和後果負責的浪漫和野性。最後的結果就是可能喪失掉審度情勢、並實事求是的分析能力，無法滋長出屬於責任倫理的對事實與後果的理性因應。衡諸中國歷史與文化，儒家也不例外。最為人詬病的所謂「禮教吃人」，毋寧就是在道德高張下對倫理規條的拘泥和堅持，以致不顧人們在現實困境下所遭受的身心摧殘和人格扭曲。

不過，用韋伯的心志或信念倫理來類比孟子強烈而高濃度的「唯義是問」立場，還是有其不夠精準之處。因為孟子對於後果並非不過問，他只是大膽地抱持了一個預設：懷義必能致利。其實，這恐怕是心志或信念倫理經常抱持的一種策略。不只上帝的旨意優位於現實結果的考量，而且現實的結果也會印證上帝旨意的美好。孟子同樣是如此。既然「利」相對於「義」是微不足道的，更無須擔憂會有何利益的損失，因為「義以生利」。藉此，道德的高貴性與後果的悲劇性全然切割開了。

但問題是，這種「善因必有善果，而惡因必有惡果」的預設，既不符合普遍的經驗實情，從邏輯義理上而言，也站不住腳。憑什麼根據一個應然性命題推導出某個實然性結論呢？孟子最難以自圓其說之處，是他既然排斥了利弊得失分析，那依憑什麼來判斷某個為實踐「義」所採取的行動，確實帶來了怎樣內涵或數量的「利」呢？再加上孟子也未曾提出任何類似「神義論」的辯護，因此，其「義以生利」就只能是一個類似於道德命題的形上預設；甚至不過是另一種形式的對「善有善報、惡有惡報」的素樸信仰罷了！

原本，「義以生利」是孟子的高明巧思。藉此，一方面可以

義利兼得，不致讓自己的立場演變成不切實際的空泛高調；另一方面，又在肯定利益之際，無需動搖原本「唯義是問」的基礎立場，甚至「逐利」此一動機或存心，較之「唯義是問」的基礎立場，反而更進一步被取消了。但如今，若懷義必能致利的預設站不住腳了，那麼上述因其而來的理論效益就將跟著喪失；甚至整個「義利之辨」的論述結構都面臨崩潰危機了。

整個來說，孟子「義利之辨」的論述結構是困境重重的。或許是由於當時的國君普遍熱中於富國強兵的功利主義，孟子在強烈的反動心理下高張了極其濃厚的道德訴求，以致舉凡涉及「利益」之類的各種論述，他都予以拒斥；而這就種下了其敗筆。相對於韋伯對於「政治作為一種志業」的論述，孟子將「義利之辨」作為一種普遍倫理的盲點就被凸顯出來了。他既沒有能洞悉政治關係中存在著若干無法適用心志或信念倫理的特質，也未能體察政策在「意圖」與「結果」之間的常態性弔詭。這都導致了孟子看不見利益思考的必要性。而對於道德主義下的手段與後果問題，一方面，孟子自己也同樣出現了將手段聖潔化的論調；另一方面，懷義必能致利的預設也站不住腳。綜合而言，吾人必須嚴肅地說，這些缺失都不是細節的，而是根本的。

末了，筆者要提醒的是，在孟子之外，整個儒家絕非都缺乏責任倫理的面向。蔣慶在批評林毓生之際，就從《春秋・公羊傳》中有力論證了孔子在對歷史進行政治批判時充分展現了責任倫理（蔣慶，2004：179-203）。李明輝也抱持同樣的觀點（2005：130-131）。但筆者還是認為，若純粹就文化層面而言，心志或信念倫理仍是具支配地位的主流立場。責任倫理其實是在批判或評價政治實務時所不得不面對的現實。吾人可以再次引用朱熹的

話，指出由孟子「義利之辨」所開展出的心志或信念倫理始終「乃儒者第一義」（1972：與延平李先生書，卷二四），其對於中國的政治、經濟，乃至社會和文化的影響，都是巨大而少有可比擬的。

參考書目

壹、韋伯原典及譯本

Weber, Max 著，1985，錢永祥編譯，《韋伯選集（I）：學術與政治》，台北：允晨出版公司。主要譯自 Gerth, H.H. & C.W. Mills. (ed. & trans.) *From Max Weber: Essays in Sociology*. New York, 1946。（書中兩篇韋伯的演講約在 1917 年底至 1919 年之間發表。）

Weber, Max 著，1989a，簡惠美譯，《中國的宗教：儒教與道教》。台北：遠流出版公司。譯自 Gerth, H.H. (trans.) *The Religion of China*. The Free Press. 1964. 以及木全德雄的日譯本，《儒教與道教》，東京創文社，1971。（韋伯於 1915 年發表本文，收錄於其《宗教社會學論文集》的第一卷中。）

Weber, Max 著，1989b，簡惠美譯，〈比較宗教學導論——世界諸宗教之經濟倫理〉，《宗教與世界：韋伯選集（II）》。台北：遠流出版公司。譯自大塚久雄、生松敬三的日譯本，《宗教社會學論選》，東京，1972。以及 Gerth, H.H. & C.W. Mills. (ed. & trans.) *From Max Weber: Essays in Sociology*. New York, 1946。（韋伯於 1915 年發表本文，收錄於其《宗教社會學論文集》的第一卷中。）

Weber, Max 著，1989c，簡惠美譯，〈中間考察──宗教拒世的階段與方向〉，《宗教與世界：韋伯選集（II）》，台北：遠流出版公司。譯自大塚久雄、生松敬三的日譯本，《宗教社會學論選》之三，東京，1972。以及 Gerth, H.H. & C.W. Mills. (ed. & trans.) *From Max Weber: Essays in Sociology*. New York, 1946。（韋伯於 1915 年 11 月發表本文，收錄於其《宗教社會學論文集》的第一卷中。）

Weber, Max 著，1989d，簡惠美譯，〈資本主義精神與理性化〉，《宗教與世界：韋伯選集（II）》，台北：遠流出版公司。譯自 Parsons T. *The Protestant Ethic and The Spirit of Capitalism*. New York, 1958。大塚久雄、生松敬三的日譯本，《宗教社會學論選》之一，東京，1972。以及 Runciman, W.G. (ed.,) Matthews, E. (trans.) "The Origins of Industrial Capitalism in Europe," in *Weber: Selections in translation*. New York, 1978 等譯本。（本文乃韋伯為其宗教社會學論著所寫的一篇總序）

Weber, Max 著，1991，于曉、陳維綱等譯，《新教倫理與資本主義精神》。台北：唐山出版社，譯自 Talcott Parsons. (trans.) *The Protestant Ethic and the Spirit of Capitalism*. George Allen & Unwin Ltd., 1930。（韋伯原本分兩次發表於 1904 及 1905 年；後又於 1920 年重新修訂，收錄於其《宗教社會學論文集》的第一卷中。）

Weber, Max 著，1993，顧忠華譯，《社會學的基本概念》。台北：遠流出版公司。譯自 J. Winckelmann (ed.) *Wirtschaft und Gesellschaft*. Grundriss der Verstehenden Soziologie. 5th ed., Tubingen: J.C.B. Mohr (Paul Siebeck). 1976.

Weber, Max 著，1996，康樂等編譯，《支配的類型：韋伯選集（III）》，修訂版。台北：遠流出版公司。譯自 Weber, Max. "Die Typen der Herrschaft." in J. Winckelmann (ed.) *Wirtschaft und Gesellschaft*. Grundriss der Verstehenden Soziologie. 5th ed., Tubingen: J.C.B. Mohr (Paul Siebeck). 1976.

Weber, Max, 1968. "Ideal Types and Theory Construction," In May Brodbeck. (ed.) *Readings in the Philosophy of the Social Sciences*. New York: The Macmillan Company. 496-507.

Weber, Max, 1992. *The Protestant Ethic and the Spirit of Capitalism*. trans. by Talcott Parsons. New York: Routledge.

貳、其他中文部分

Arendt, Hannah 著，1996，蔡佩君譯，《共和危機》。台北：時報文化公司。譯自作者 Crises of the Republic; Lying in Politics; Civil Disobedience; On Violence; Thoughts on Politics and Revolution 等篇（所根據之原文版本資訊未詳載）。

Aron, Raymond 著，1986，齊力等譯，《近代西方社會思想家：涂爾幹、巴烈圖、韋伯》。台北：聯經出版公司。譯自作者 *Main Currents in Sociological Thought II: Durkheim, Pareto, Weber*. R. Howard & H. Weaver (trans.) New York & London: Basic Books. Inc. 1967.

Audi, Robert 編，2002，王思迅編，《劍橋哲學辭典》，林正弘（中文版審定召集人）。台北：貓頭鷹出版社。譯自編者 *The Cambridge Dictionary of Philosophy*. Cambridge University

Press. 1995.

de Bary, Wm. T. 著，1983，李弘祺譯，《中國的自由傳統》（本書為作者在香港中大新亞書院 Human Renewal and the Liberal Spirit in Neo-Confucianism 講座匯集，未載明英文書名）。台北：聯經出版公司。

Dennis, H. Wrong 著，1994，高湘澤、高全余譯，《權力：它的形式、基礎和作用》。台北：桂冠圖書公司。譯自作者 *Power: its Forms, Bases and Uses*. Chicago: Chicago University Press. 1988.

Durkheim, Emile 著，1990，黃丘隆譯，《社會學研究方法論》。台北：結構群文化事業有限公司。譯自作者 *The Rules of Sociological Method & Selected Texts on Sociology & its Method.* （所根據之原文版本資訊未詳載）

Easton, David 著，1992，王浦劬等譯，《政治生活的系統分析》。台北：桂冠圖書公司。譯自作者 *A Systems Analysis of Political Life.*（所根據之原文版本資訊未詳載）

Fukuyama, Francis 著，2004，李宛蓉譯，《信任》。台北：立緒文化事業公司。譯自作者 *Trust: The Social Virtues and the Creation of Prosperity.*（所根據之原文版本資訊未詳載）

Habermas, Jurgen 著，1994，陳學明譯，《合法性危機》。台北：時報文化公司。譯自作者 *Legitimation Crisis.*（所根據之原文版本資訊未詳載）

Harrison, Lawrence 著，2003，〈推動進步取向的文化變革〉，收錄於 L. Harrison & S.P. Huntington 編著，李振昌、林慈淑合譯，《為什麼文化很重要》（*Culture Matters: How Values Shape*

Human Progress.)。台北：聯經出版公司。

Huntington, S.P. 著，1994，劉軍寧譯，《第三波：二十世紀末的民主化浪潮》。台北：五南出版社。譯自作者 *The Third Wave: Democratization in the Late Twentieth Century.* （所根據之原文版本資訊未詳載）

Lipset, Seymaur Martin 著，1991，張明貴譯，《政治人》。台北：桂冠圖書公司。譯自作者 *Political Man: The Social Bases of Politics, An Adaptation.* Bombay: Vakils, Feffer and Simons Private Ltd., 1963.

Luther, Martin，1959，楊懋春譯，《路德選集》，下冊。香港：金陵神學院及基督教文藝出版社。

Schmitt, Carl 著，2003，李秋零譯，〈合法性與正當性〉，收錄於《政治的概念》，劉宗坤譯。上海：人民出版社。譯自作者 *Verfassungsrechtliche Aufsatze aus den Jahren 1924-1954.* Duncker & Humblot. Berlin 1985.

Sen, Amartya 著，2001，劉楚俊譯，《經濟發展與自由》。台北：先覺出版社。譯自作者 *Development as Freedom.* （所根據之原文版本資訊未載）。

于宗先，1985，〈中國文化對台灣經濟成長的影響〉，收錄於于宗先、劉克智、林聰標合編，《台灣與香港的經濟發展》，二版。台北：中央研究院經濟研究所。

王國維，1975，《觀堂集林》。台北：河洛圖書公司。

司馬光，1983，《資治通鑑》。台北：臺灣商務印書館（景印文淵閣四庫全書，冊三〇四）。

石元康，1999，〈天命與正當性：從韋伯的分類看儒家的政道〉，

《開放時代》，第132期。

朱　熹，1952，《四書集註》，台一版。台北：世界書局。

朱　熹，1970，《朱子語類》（三），黎靖德（編）。台北：正中
　　書局。

朱　熹，1972，《晦庵先生朱文公文集》（二），岡田武彥（編）。
　　台北：廣文書局。

朱建民，1994，《儒家的管理哲學》。台北：漢藝色研出版社。

江宜樺，2008，〈《論語》的政治概念及其特色〉，《政治與社會
　　哲學評論》，第24期。

何懷宏，2010，〈政治家的責任倫理〉，（愛思想）網站，2010/05/
　　20，文章網址：http://www.aisixiang.com/data/33799.html。

余英時，1982，《史學與傳統》。台北：時報文化公司。

余英時，1987a，《中國近世宗教倫理與商人精神》。台北：聯經
　　出版公司。

余英時，1987b，《中國思想傳統的現代詮釋》。台北：聯經出版
　　公司。

余英時，1998，〈士商互動與儒學轉向：明清社會史與思想史之
　　一面相〉，郝延平、劉秀梅（編），《近世中國之傳統與蛻
　　變》，上冊。台北：中央研究院近代史研究所，頁3-52。

李　猛，1999，〈學術、政治與自由的倫理〉，（愛思想）網站，
　　2010/12/01，文章網址：http://www.aisixiang.com/data/37570.
　　html。

李玉彬，1982，《先秦儒家經濟思想與民生主義》，二版。台北：
　　臺灣商務印書館。

李明輝，1990，《儒家與康德》。台北：聯經出版公司。

李明輝，2001，《孟子重探》。台北：聯經出版公司。

李明輝，2002，〈儒家傳統與人權〉，黃俊傑（編），《傳統中華文化與現代價值的激盪與調融》（一），台北：喜瑪拉雅基金會，頁229-256。

李明輝，2005，《儒家視野下的政治思想》。台北：國立臺灣大學出版中心。

李劍農，1981，《先秦兩漢經濟史稿》，台初版。台北：華世出版社。

杜正勝，1979，《周代城邦》。台北：聯經出版公司。

杜正勝，1987，《編戶齊民》。台北：聯經出版公司。

杜維明，1989，《儒學第三期發展的前景問題》。台北：聯經出版公司。

周　濂，2005，〈正當性與證成性：道德評價國家的兩條進路？〉，（中國學術論壇）網站，2009/01/01，文章網址：http://www.frchina.net/data/personArticle.php?id=3453。

屈萬里，1985，《屈萬里先生文存》，冊二。台北：聯經出版公司。

易君博，1977，《政治學論文集：理論與方法》。台北：三民書局。

金耀基，1992，《中國社會與文化》。香港：牛津大學出版社。

侯外廬，1963，《中國古代社會史論》。北京：人民出版社。

侯家駒，1985，《先秦儒家的自由經濟思想》，增訂二版。台北：聯經出版公司。

胡　適，1976，《中國古代哲學史》，卷三。台北：臺灣商務印書館。

胡厚宣，1959，〈殷卜辭中的上帝與王帝〉，《歷史研究》，期五
　　九。

唐君毅，1955，《人文精神之重建》，上冊。香港：新亞研究所。

唐君毅，1977，〈論中國原始宗教信仰與儒家天道觀之關係兼釋
　　中國哲學之起源〉，項退結、劉福增合編，《中國哲學思想論
　　集〈總論篇〉》。台北：牧童出版社。

唐君毅，1978，《說中華民族之花果飄零》，三版。台北：三民書
　　局。

孫中興，1987，〈從新教倫理到儒家倫理——瞭解、批評和應用
　　韋伯論點〉，收錄於杜念中、楊君實合編，《儒家倫理與經濟
　　發展》。台北：允晨出版公司，頁181-225。

徐復觀，1966/02，〈西漢政治與董仲舒〉，《民主評論》，卷一
　　六，期二〇。

徐復觀，1972，《周秦漢政治社會結構之研究》。香港：新亞研究
　　所。

徐復觀，1980，《兩漢思想史》，卷一。台北：學生書局。

徐復觀，1982，《中國思想史論集續篇》。台北：時報文化公司。

袁保新，1992，《孟子三辨之學的歷史省察與現代詮釋》。台北：
　　文津出版社。

高承恕，1988，《理性化與資本主義——韋伯與韋伯之外》。台
　　北：聯經出版公司。

崔　述，1963，《崔東壁遺書正編四》。台北：世界書局。

張維安，1990，《政治與經濟：中國近世兩個經濟組織之分析》。
　　台北：桂冠圖書公司。

張德勝，2002，〈明清時期新義利觀評議：韋伯論旨重探〉，《鵝

湖月刊》，卷二八，期二，頁26-34。

梁明義、王文音，2002，〈台灣半世紀以來快速經濟發展的回顧與省思〉，收錄於林建甫編，《金融投資與經濟發展：紀念梁國樹教授第六屆學術研討會論文集》。台北：國立臺灣大學經濟學系。

梁啟超，1977，《先秦政治思想史》，台八版。台北：中華書局。

梁漱溟，1979，《中國文化要義》，台十版。台北：正中書局。

許又方，2002，〈《論語》「子罕言利」章析論〉，《鵝湖月刊》，卷二八，期二，頁35-42。

許倬雲，1968，〈周人的興起與周文化的基礎〉，《中研院歷史語言研究所集刊》，期三八。

許倬雲，1984，《求古編》。台北：聯經出版公司。

許倬雲，1993，《西周史》，增訂版。台北：聯經出版公司。

許倬雲，2006，《萬古江河：中國歷史文化的轉折與開展》。台北：英文漢聲出版社。

郭立民，1990，〈儒家與民主之關聯性──新外王論證之商榷〉，「國立政治大學政治學系學術研討會論文」。台北：國立政治大學政治系。

郭沫若，1936，《先秦天道觀之進展》。上海：商務印書館。

陳大齊，1987，《陳百年先生文集》。台北：臺灣商務印書館。

陳其南，1988，〈明清徽州商人的職業觀與儒家倫理〉，收錄於楊國樞、曾仕強編，《中國人的管理觀》。台北：桂冠圖書公司。

陳夢家，1936，〈商代的神話與巫術〉，《燕京學報》，期二〇。

陳夢家，1956，《殷虛卜辭綜述》。北平：科學書局。

陳顧遠，1975，《孟子政治哲學》。台北：新文豐出版社。

陸自榮，2005，〈關係和諧倫理：信念倫理和責任倫理之外〉，
　　《湖南科技大學學報》，社會科學版，期三，頁42-48。

傅佩榮，1985，《儒道天論發微》。台北：學生書局。

傅斯年，1980，《傅斯年全集》，冊二。台北：聯經出版公司。

勞思光，1997，《新編中國哲學史（一）》，增訂九版。台北：三
　　民書局。

曾春海，2001，〈述評陳大齊對義利之辨的研究〉，《哲學與文
　　化》，卷二八，期十一，頁977-987。

程顥、程頤，1966，〈河南程氏遺書〉，朱熹（編），《二程全
　　書》，卷十七。台北：中華書局。

費孝通，1991，《鄉土中國》。香港：三聯書局。

賀　來，2004，〈現代人的價值處境與「責任倫理」的自覺〉，
　　（哲學在線）網站，2004/10/31，文章網址：http://isbrt.ruc.
　　edu.cn/pol04/Article/ethics/e_ethics/200410/1298.html。

馮友蘭，1993，《中國哲學史》，上冊，增訂本。台北：臺灣商務
　　印書館。

馮克利，1997，〈時代中的韋伯〉，（愛思想）網站，2011/11/23，
　　文章網址：http://www.aisixiang.com/data/47058.html。

馮爾康，1994，《中國宗族社會》，浙江：浙江人民出版社。

馮爾康等（編著），1988，《中國社會史研究概述》，台一版。台
　　北：谷風出版社。

黃　勇，1998，〈「義利之辨」與儒家義利論的完備〉，《孔孟月
　　刊》，卷三六，期一，頁30-37。

黃俊傑，1986，〈先秦儒家義利觀念的演變及其思想史的涵義〉，

《漢學研究》，卷四，期一，頁109-151。

黃俊傑，2006，《孟子》，修訂二版。台北：東大圖書股份有限公司。

黃進興，1994，《優入聖域：權力、信仰與正當性》。台北：允晨出版公司。

楊一峰，1968，〈孔子言義淺測〉，《孔孟學報》，期十六，頁1-26。

楊君實，1987，〈儒家倫理，韋伯命題與意識型態〉，收錄於杜念中、楊君實合編，《儒家倫理與經濟發展》。台北：允晨出版公司。

楊國榮，1993，《孟子新論》。台北：開今文化出版社。

葉仁昌，1992，《五四以後的反對基督教運動》。台北：久大文化出版社。

葉仁昌，1996a，〈儒家與民主在詮釋上的兩面性〉，《法商學報》，期三二。台北：國立中興大學法商學院。

葉仁昌，1996b，《儒家的階層秩序論：先秦原型的探討》。台北：萬興圖書公司。

葉仁昌，2003a，〈宗教與經濟倫理：三條基本路線〉，《獨者Solitudo》，期一，頁23-46。

葉仁昌，2003b，〈東亞經濟倫理的澄清與辯思：儒家、韋伯與基督新教〉，《獨者Solitudo》，期三，頁31-53。

葉仁昌，2006，〈先秦儒家的財富思想〉，《人文及社會科學叢刊》，卷一八，期三。

董作賓，1960，《先秦史研究論集》。台北：大陸書局。

董作賓，1965，《甲骨學六十年》。台北：藝文印書館。

鄔昆如，1975，《西洋哲學史》，台四版。台北：國立編譯館。

熊公哲，1968，〈孟子仁義與荀子禮義其辨如何〉，《孔孟學報》，期十六，頁119-141。

齊思和，1947，〈周代錫命禮考〉，《燕京學報》，第32期。

蔡信安，1987，〈論孟子的道德抉擇〉，《臺灣大學哲學論評》，期十，頁135-175。

蔣　慶，2004，《生命信仰與王道政治：儒家文化的現代價值》，台北：養正堂文化。

鄭志明，1986，《中國社會與宗教》。台北：學生書局。

蕭公權，1977，《中國政治思想史》。六版，台北：華岡出版社。

賴賢宗，2000/09，〈許路赫特對康德倫理學的闡釋及信念倫理學當中的規範與共識的建構的問題〉，《思與言》，卷三八，期四，頁217-240。

錢　杭，1994，《中國宗族制度新探》。香港：中華書局。

錢新祖，1983/05，〈近代人談近代化的時空性〉，《思與言》，卷二一，期一。

錢　穆，1976，《國史新論》，二版。台北：三民書局。

錢　穆，1981，《中國歷史精神》，修訂再版。台北：東大圖書公司。

駱建人，1988，《孟子學說體系探賾》。台北：文津出版社。

瞿同祖，1938，《中國封建社會》，三版。上海：商務印書館。

魏　萼，1993，《中國式資本主義——台灣邁向市場經濟之路》。台北：三民書局。

譚宇權，1995，《孟子學術思想評論》。台北：文津出版社。

龔群、焦國成編，1997，《儒門亞聖——孟子》。台北：昭文社。

叁、其他英文部分

Aristotle. 1957. *Politics*. trans. by E. Barker. London: Oxford University Press.

Behuniak, James Jr. 2005. *Mencius on Becoming Human*. Albany: State University of New York Press.

Bentham, J. 1967. *Principles of Morals & Legislation*. Oxford: Basil Blackwell.

Binder, Leonard. 1971. *Crises and Sequences in Political Development*. Princeton: Princeton University Press.

Bury, J.B., (et.al.) 1923. *The Hellenistic Age*. New York: The Norton Library.

Chang, Kwang-chih. 1976. *Early Chinese Civilization*. Cambridge: Harvard University Press.

Durant, Will. 1926. *The Story of Philosophy*. New York: Simon & Schuster. Inc.

Eno, Robert. 2002. "Casuistry and Character in the Mencius," In *Mencius: Contexts and Interpretations*. ed. Alank L. Chan. Honolulu: University of Hawaii Press, 189-215.

Granet, Marcel. 1975. *The Religion of the Chinese*. trans. & ed. by Maurice Freedsman. Oxford: Basil Blackwell.

Hamilton, Gary. "Why No Capitalism in China? Negative Question in Historical, Comparative Research, " *Journal of Asian Perspectives*. Vol. II. No. 2.

Hsu, Cho-yun. 1965. *Ancient China in Transition: An Analysis of*

Social Mobility, 722-222 B.C. Stanford: Stanford University Press.

Kahn, H. 1979. *World Economic Development: 1979 and Beyond*. London: Croom Helm.

Shun, Kwong-loi,. 1997. *Mencius and Early Chinese Thought*. Stanford: Stanford University Press.

Lasswell, Harold D. and Abraham Kaplan 1950. *Power and Society: A Framework for Political Inquiry*. New Haven: Yale University Press.

Metzger, T.A. 1977. *Escape from Predicament*. New York: Columbia University Press.

More, Thomas. 1949. *Utopia*. ed. & trans by H.V.S. Ogden. Illinois: AHM Publishing Corporation.

Nagel, Ernest. 1968. "The Value-Oriented Bias of Social Inquiry," In *Readings in the Philosophy of the Social Sciences*. ed. May Brodeck. New York: The Macmillan Company, 98-113.

Nelson, B.R. 1982. *Western Political Thought*. New Jersey: Prentice-Hall. Inc.

Parsons, T. 1949. *The Structure of Social Action*. New York: The Macmillan Company.

Schwartz, Benjamin I. 1964. "Some Polarities in Confucian Thought," in Arthur F. Wright. (ed.) *Confucianism and Chinese Civilization*. California: Stanford University Press.

Schwartz, Benjamin I. 1985. *The World of Thought in Ancient China*. Cambridge, Mass.: The Belknap Press of Harvard University Press.

儒家與韋伯的五個對話

2015年8月初版　　　　　　　　　　　　　　　定價：新臺幣450元
有著作權·翻印必究
Printed in Taiwan.

著　　　者	葉	仁	昌
發 行 人	林	載	爵

出　版　者	聯經出版事業股份有限公司	叢書主編	沙　淑　芬	
地　　　址	台北市基隆路一段180號4樓	校　　對	吳　淑　芳	
編輯部地址	台北市基隆路一段180號4樓	封面設計	劉　克　韋	
叢書主編電話	(02)87876242轉212			
台北聯經書房	台北市新生南路三段94號			
電　　　話	(02)23620308			
台中分公司	台中市北區崇德路一段198號			
暨門市電話	(04)22312023			
台中電子信箱	e-mail：linking2@ms42.hinet.net			
郵政劃撥帳戶第0100559-3號				
郵撥電話	(02)23620308			
印　刷　者	世和印製企業有限公司			
總　經　銷	聯合發行股份有限公司			
發　行　所	新北市新店區寶橋路235巷6弄6號2樓			
電　　　話	(02)29178022			

行政院新聞局出版事業登記證局版臺業字第0130號

國家圖書館出版品預行編目資料

儒家與韋伯的五個對話/葉仁昌著 . 初版 .
臺北市 . 聯經 . 2015年8月（民104年）. 248面 .
14.8×21公分
ISBN　978-957-08-4597-6（精裝）

1.韋伯（Weber, Max 1864-1920）　2.學術思想
3.儒家

121.2　　　　　　　　　　　　　　104013125